Lottie Stride

Verrückte Fakten für freche Mädchen

Warum ist Haarewaschen freitags gefährlich?

W0229229

Lottie Stride

VERRÜCKTE FAKTEN

für freche Mädchen

Aus dem Englischen von
Christine Spindler

Mit Illustrationen von
Stefano Tambellini

Ravensburger Buchverlag

Als Ravensburger Taschenbuch
Band 53132
erschienen 2015

1 2 3 4   18 17 16 15

© 2015 der deutschsprachigen Ausgabe
Ravensburger Buchverlag Otto Maier GmbH
Copyright © Buster Books 2012
Originaltitel: Girls' Miscellany
Text: Lottie Stride
Innenillustrationen: Stefano Tambellini, Sphinx auf S. 37 Simon Ecob,
Abbildung auf S. 48 Ann Kronheimer
Umschlaggestaltung: Bianca Schaalburg

Alle Rechter dieser Ausgabe vorbehalten durch
Ravensburger Buchverlag Otto Maier GmbH
Printed in Germany
ISBN 978-3-473-53132-5

www.ravensburger.de

Inhaltsverzeichnis

Was ist schlimmer?

Nichts hiervon macht Spaß – aber wenn du dir eine dieser Sachen aussuchen müsstest, welche fändest du am schlimmsten?

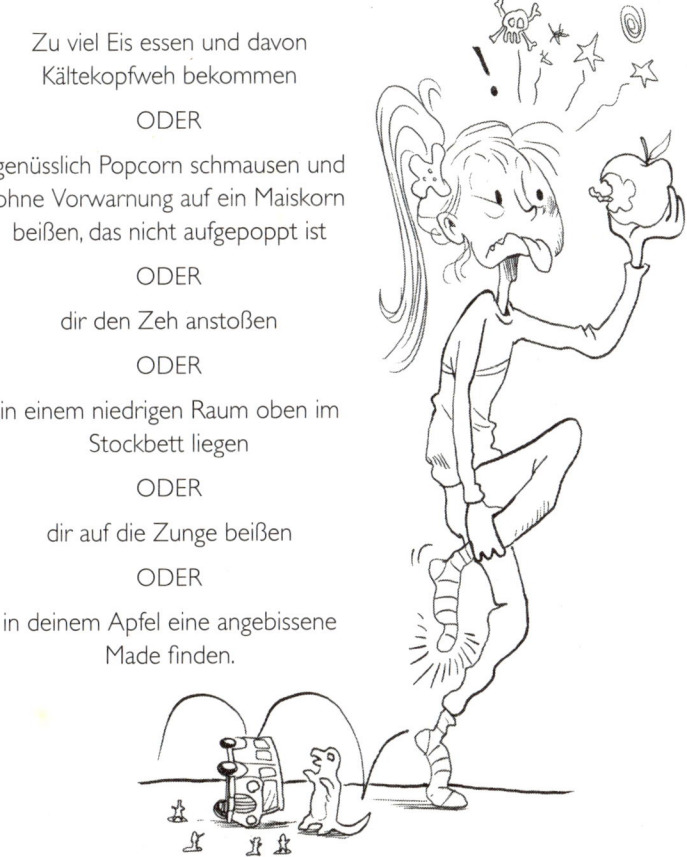

Zu viel Eis essen und davon Kältekopfweh bekommen

ODER

genüsslich Popcorn schmausen und ohne Vorwarnung auf ein Maiskorn beißen, das nicht aufgepoppt ist

ODER

dir den Zeh anstoßen

ODER

in einem niedrigen Raum oben im Stockbett liegen

ODER

dir auf die Zunge beißen

ODER

in deinem Apfel eine angebissene Made finden.

Als die *Titanic* auf ihre tragische letzte Reise ging, hatte sie 40.000 Eier, 36.000 Orangen und 16.000 Zitronen an Bord.

Merkwürdige Beauty-Behandlungen

Manchen genügen Reinigungsmilch und Schönheitsschlaf nicht – sie betreiben einen viel größeren Aufwand, auch wenn einiges davon recht merkwürdig und abstoßend klingt.

Bierbad
Ein ausgiebiges Bad in Mineralwasser und schäumendem Bier klärt die Haut.

Fischpediküre
Ein ganz besonderes Fußbad, bei dem fünf Zentimeter lange Kangalfische die abgestorbenen Hautschuppen abknabbern.

Schokomaske
Erst wird eine zähflüssige Kakaomaske aufs Gesicht aufgetragen – und hinterher kann man davon naschen.

Algenwickel
Von Kopf bis Fuß eingewickelt in dicke Lagen von Algen und Folie, ruht man sich eine halbe Stunde lang aus, bis die Haut ganz zart ist.

Schneckenschleim
Diese Feuchtigkeitscreme hilft gegen Narben, Flecken und Akne.

Schlangenmassage
Kleine Schlangen gleiten über die Haut und lösen Muskelverspannungen. Keine gute Idee für Schlangenphobiker!

Sinn-sationell: Berührungen

Deine Haut hat winzige Berührungssensoren: die Rezeptoren. Auf einem Quadratzentimeter Haut befinden sich ca. 200 Schmerzrezeptoren, 15 Druckrezeptoren, sechs Kälterezeptoren und ein Hitzerezeptor. Deine Zunge kann Schmerz sehr schnell wahrnehmen, darum tut es so weh, wenn man draufbeißt. Seltsamerweise kann sie Hitze und Kälte aber nicht so gut fühlen.

Auch Steinzeitgirls haben Probleme.
Die Top Ten:

1. Sie müssen echten Pelz tragen.

2. Sie müssen mehr als 30.000 Jahre warten, bis es Strom gibt und sie Glätteisen verwenden können.

3. Sie haben einen Überbiss, ein fliehendes Kinn und extrem viel Körperbehaarung.

4. Sie müssen viel zu oft Ziegen- oder Mammutfleisch essen.

5. Sie müssen die Höhle mit ihrer Familie teilen. Oder mit dem ganzen Stamm! Arrrgh!

6. Sie brechen sich an den Steinwerkzeugen ständig die Fingernägel ab.

7. Sie müssen Jagdunterricht nehmen.

8. Sie haben kaum Schmuck und Make-up.

9. Sie sind klein und gedrungen. Modelkarriere ade!

10. Sie kriegen nie Schokolade.

Römische Zahlen

Das römische Zahlensystem stellt Zahlen mit Buchstaben dar.
Römische Zahlen werden heute noch benutzt, z. B. für Datums-
angaben an Denkmälern und auf den Zifferblättern mancher
Uhren.

20 bis 100

20   XX
         (XXI, XXII bis XXIX)

30   XXX
         (XXXI, XXXII bis XXXIX)

40   XL
         (XLI, XLII bis XLIX)

50   L
         (LI, LII bis LIX)

60   LX
         (LXI, LXII bis LXIX)

70   LXX
         (LXXI, LXXII bis LXXIX)

80   LXXX
         (LXXXI, LXXXII bis LXXXIX)

90   XC
         (XCI, XCII bis XCIX)

NACH DEMSELBEN MUSTER GEHT ES BIS 100 WEITER.

Hunderterzahlen

100	C
200	CC
300	CCC
400	CD oder CCCC
500	D
600	DC
700	DCC
800	DCCC
900	CM
1000	M

Beispiele für größere Zahlen

107 = CVII

357 = CCCLVII

677 = DCLXXVII

1827 = MDCCCXXVII

Zahlen, Daten, Fakten – auf Römisch

Hier ein paar Geschichtsfakten mit römischen Zahlenangaben. Kannst du sie umrechnen? Die Antworten findest du unten auf der Seite.

I. Die Legende besagt, dass Rom im Jahr DCCLIII v. Chr. von den Zwillingen Romulus und Remus gegründet wurde.

II. XXVII v. Chr. wurde Augustus erster Kaiser von Rom.

III. Die Römer sind im Jahr LV v. Chr. in Großbritannien einmarschiert.

IV. Die Soldaten sind in ihren Rüstungen bis zu XXXII Kilometer am Tag marschiert.

V. Die größten römischen Schiffe hatten mehr als CL Ruder.

VI. Viele römische Mädchen haben schon mit XIV Jahren geheiratet.

VII. Die letzten Römer verließen Britannien im Jahr CDX.

Autsch! Ich habe Seitenstechen.

XVI

Antworten: 1. 753 v. Chr.; 2. 27 v. Chr.; 3. 55 v. Chr.; 4. 32 km; 5. 150 Ruder; 6. 14 Jahre; 7. 410.

Echt nützliche Superkräfte

Im Badezimmer einmal um dich selbst drehen und schon hast du den perfekten Partylook.

Bei anderen die Erinnerung an etwas Peinliches löschen, das dir passiert ist.

Auf Ameisengröße schrumpfen, wenn deine Mutter dich zum Geschirrspülen verdonnern will.

In der Schule einfach den Mund öffnen und schon kommt die richtige Antwort auf jede Frage raus.

Einmal klatschen und Gemüse verwandelt sich in Schokolade.

Du lässt aus deinen Augen Funken sprühen und sofort ist jeder Junge in dich verknallt.

Popstars: So heißen sie wirklich

Katy Perry · · · · · · · · · · · Katheryn Elizabeth Hudson
Pink · Alecia Beth Moore
Rihanna · · · · · · · · · · · · · · · · · · Robyn Rihanna Fenty
Madonna · · · · · · · · · · · · · · Madonna Louise Ciccone
Lady Gaga · · · · Stefani Joanne Angelina Germanotta.

Wie groß sind Eisberge?

Eisberge sind im Meer treibende, abgebrochene Enden von Gletschern (riesige Blöcke Eis und Schnee, die sich über lange Zeit gebildet haben). Sie sind unterschiedlich groß, schmelzen und verschwinden dabei langsam. Ihre aus dem Wasser ragende Spitze beträgt nur ein Achtel der Gesamtgröße.

Kleinere Eisberge heißen Eishümpel oder Treibeis. Sie ragen höchstens vier Meter aus dem Wasser. Für Schiffe sind sie gefährlich, da man sie kaum sieht. Die größten Eisberge ragen wie Berge bis zu 75 Meter aus dem Wasser und können bis zu 200 Meter lang sein. Manche Eisberge sind so groß, dass sie über 3000 Kilometer weit schwimmen können, bevor sie geschmolzen sind.

Wesen, denen du im Meer nicht begegnen möchtest

Der Kraken ist in nordeuropäischen Legenden ein riesiges Seeungeheuer mit viel zu vielen Flossen und Hörnern. Das Ungeheuer taucht tief hinab und erzeugt riesige Strudel, in denen Schiffe untergehen. Der Kraken kann ganze Fischerflotten verschlingen. Mädchen, die Urlaub machen, sind für ihn nur ein kleiner Snack.

Der Skolopender aus der griechischen Mythologie ist ein riesiges, grottenhässliches Viech mit langem Rüsselkopf, Wal-artigem Körper und langen, borstigen Beinen. Wenn er einen Angelhaken schluckt, spuckt er seinen eigenen Magen aus, entfernt den Haken und schluckt den Magen wieder. Pfui!

Meerjungfrauen

2012 gab der National Ocean Service, eine US-Regierungsbehörde, offiziell bekannt, dass es keinen Beweis für die Existenz von Meerjungfrauen gäbe. Im Fernsehen war nämlich eine Show über Meerjungfrauen ausgestrahlt worden, die viele Leute für eine Dokumentation gehalten hatten. Doch leider war es nur ein Film, völlig aus der Luft gegriffen bzw. aus dem Meer gefischt.

Schwimmen die Fische nach rechts oder links?

Frauen stehen ihren Mann

Hua Mulan

Hua Mulan ist die Heldin eines alten chinesischen Gedichts, das im
5. Jahrhundert spielt. Ihr Vater, der chinesische General Hua Hu,
war alt und krank. Als er in den Krieg ziehen sollte, beschloss
Mulan, an seiner Stelle zu gehen. Sie verkleidete sich als
Mann und gab sich als Hua Hus Sohn aus. Zwölf Jahre lang
kämpfte sie in vielen Schlachten für ihr Land und wurde
eine legendäre weibliche Kriegerin.

Anne Bonny

Die Irin Anne Bonny reiste zur Insel New Providence in den
Bahamas, wo sie sich in den skrupellosen Piraten John „Calico Jack"
Rackham verliebte. Von da an gehörte sie zu einer gefürchteten
Piratenbande, die die Karibik unsicher machte. Als Mann verkleidet
kämpfte sie mit Macheten und Gewehren. Entlang der jamaikani-
schen Küste kaperte und plünderte sie Schiffe. 1720 wurde das Schiff
der Bande, die „Revenge" (auf Deutsch „Rache"), von einem
englischen Kriegsschiff besiegt. Die Piraten wurden gefangen
genommen und zum Tod durch den Strang verurteilt. Anne jedoch
wurde begnadigt. Es hieß, ihr Vater hätte sie mit Lösegeld freigekauft.

Christian Welsh

Christian Welsh (alias Kit Cavanagh) verkleidete sich als Mann und machte sich auf die Suche nach ihrem Ehemann Richard. Er war Soldat der französischen Armee, die Ende des 16. Jahrhunderts gegen die Niederlande kämpfte. Christian trat der britischen Armee bei und war in einigen großen Schlachten dabei. Nach 13 Jahren fand sie ihren Mann wieder. Ihre wahre Identität wurde aufgedeckt, als sie nach einer Verwundung behandelt werden musste.

Calamity Jane

Der Wilde Westen von Amerika, wo Calamity Jane (alias Martha Jane Cannary) im späten 18. Jahrhundert hinzog, war damals ein gefährlicher Aufenthaltsort. Banditen machten die Gegend unsicher, raubten Postkutschen und Züge aus. Jane arbeitete in Saloons. Sie kleidete sich wie ein Kerl, trank, fluchte und spielte Karten. Sie war eine furchtlose Reiterin und Kunstschützin. Bald rankte sich eine Legende um sie. Als Postkutschenfahrerin, hieß es, würde sie die gefährlichsten Routen nehmen, wo sie jederzeit in einen Hinterhalt geraten und sterben konnte. „Wenn du dich mit Martha Jane Cannary anlegst, flirtest du mit dem Unheil" („Unheil" ist auf Englisch „calamity") soll ihre Warnung an Räuber gewesen sein. Daher ihr Spitzname.

Was bedeuten Ländernamen?

Argentinien	Silberland	Mali	Nilpferd
Barbados	Die Bärtigen	Portugal	Schöner Hafen
Costa Rica	Reiche Küste	Puerto Rico	Reicher Hafen
El Salvador	Der Erlöser	Sierra Leone	Löwenberge
Grenada	Granatapfel	Thailand	Land der Freien
Guatemala	Land der Adler	Simbabwe	Steinhaus
Kuba	Zentraler Platz	Zypern	Kupfer

Mehr Wissen über das Meer

Das größte Meer, der Pazifik, bedeckt ein Drittel der Erdoberfläche und beherbergt 30.000 Inseln, mehr als die anderen Meere zusammen.

Jedes Jahr werden 50 bis 75 Menschen von Haien angegriffen, acht bis zwölf davon tödlich. Es sterben jedoch viel mehr Menschen durch Bienen, Krokodile und Elefanten.

Der tiefste Punkt auf der Erdoberfläche, das Challengertief, befindet sich im Marianengraben im westlichen Pazifik. Er liegt 10.994 Meter tief. Wenn man dort den Mount Everest hinstellen würde, läge seine Spitze immer noch zwei Kilometer unter der Wasseroberfläche. 2012 tauchte der *Titanic*-Regisseur James Cameron bis zum Grund des Challengertiefs.

Blauwale sind die größten Säugetiere, die je auf der Erde gelebt haben, mit Herzen so groß wie Kleinwagen. Dank des Auftriebs im Wasser können sie ihr Gewicht aushalten.

Kleine Muschelkunde

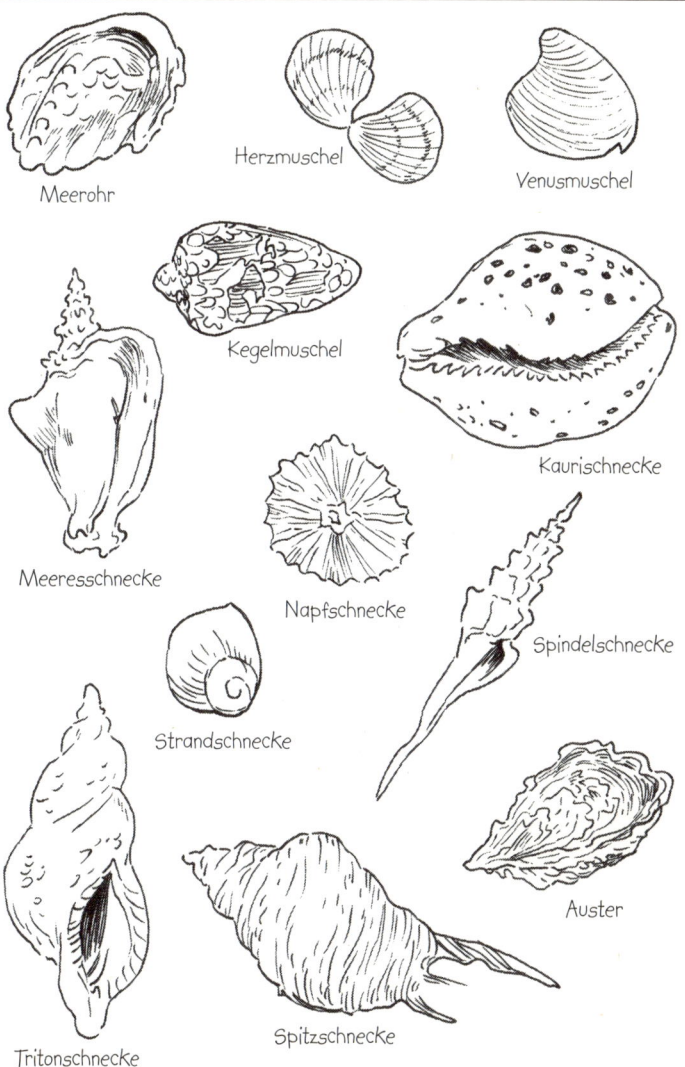

Meerohr

Herzmuschel

Venusmuschel

Kegelmuschel

Kaurischnecke

Meeresschnecke

Napfschnecke

Spindelschnecke

Strandschnecke

Auster

Tritonschnecke

Spitzschnecke

Gruselgirls aus alten Mythen und Legenden

Medusa

Dieses Gruselgirl war eine von drei Schwestern, den Gorgonen aus der griechischen Mythologie. Medusa war kein schöner Anblick. Sie hatte Schlangenhaare und ihr Blick ließ Menschen zu Stein erstarren. Im Gegensatz zu ihren gruseligen Schwestern war Medusa zum Glück sterblich und wurde vom Sagenheld Perseus enthauptet.

Baba Jaga

Diese böse Hexe stammt aus der slawischen Mythologie. Der Legende nach entführte Baba Jaga kleine Kinder und aß sie auf. Sie lebte in einer Hütte, die auf hohen, dicken Hühnerbeinen stand.

Banshees

Diese bösen alten Frauen hatten rot glühende Augen und lange, zerzauste Haare. Sie trieben sich in der Nähe von alten keltischen Familien herum und jammerten, um den bevorstehenden Tod eines Familienmitglieds anzukündigen. Man glaubte, dass ein Unglücklicher, der ihren Schrei hörte, bald darauf tot umfallen würde.

Harpyien

Die grässlichen Harpyien gehörten zu den allerersten „Mädchen-
banden". Sie waren stinkende Dämonengeister der Winde. Sie
hatten Vogelkörper, Vogelfüße mit Klauen und hässliche Menschen-
gesichter. Wenn sie etwas mit ihren Klauen berührten, wurde es
giftig und verrottete.

Sirenen

Diese fiesen Seegeister stammen ebenfalls aus der griechischen
Mythologie. Sie hingen auf den Felsen rund um die Insel Sizilien ab
und sangen mit ihren schönen Stimmen betörende Lieder. Seefahrer,
die vorbeikamen, verliebten sich in den Gesang und knallten voll auf
die Felsen. Erst da merkten sie, dass sie, blind vor Liebe, in den
sicheren Tod gelockt worden waren.

Süße Babys

Wenn mehrere Tierbabys gleichzeitig von derselben Mutter geboren werden, nennt man das einen „Wurf". Je nach Tierart kann ein Wurf unterschiedlich groß ausfallen.

Kaninchen
Durchschnittlich
7 Junge pro Wurf
Tragzeit:
30 Tage

Elefanten
1 Kalb,
manchmal Zwillinge
Tragzeit:
18 bis 22 Monate

Kamele
1 Kalb
pro Wurf
Tragzeit:
13 Monate

Große Hunde
Durchschnittlich
8 Welpen
pro Wurf
Tragzeit:
63 Tage

Kleine Hunde
2 bis 3 Welpen
pro Wurf
Tragzeit:
63 Tage

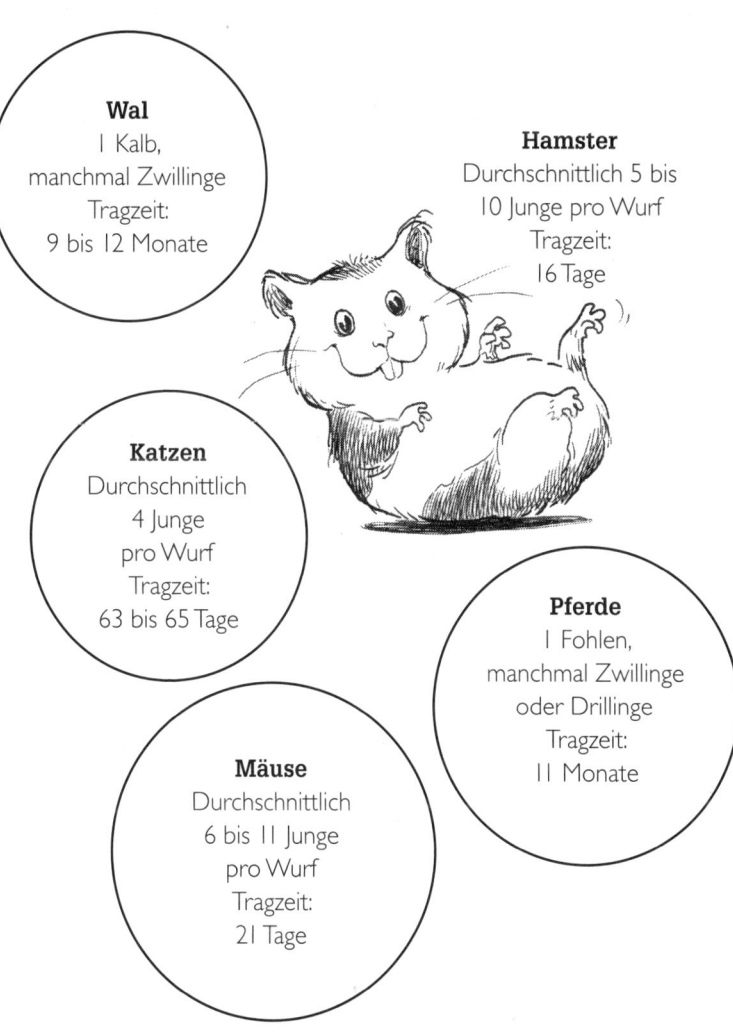

Wal
1 Kalb,
manchmal Zwillinge
Tragzeit:
9 bis 12 Monate

Hamster
Durchschnittlich 5 bis
10 Junge pro Wurf
Tragzeit:
16 Tage

Katzen
Durchschnittlich
4 Junge
pro Wurf
Tragzeit:
63 bis 65 Tage

Pferde
1 Fohlen,
manchmal Zwillinge
oder Drillinge
Tragzeit:
11 Monate

Mäuse
Durchschnittlich
6 bis 11 Junge
pro Wurf
Tragzeit:
21 Tage

Bei den Seepferdchen tragen die Männchen den Nachwuchs aus.
Die Weibchen legen bis zu 200 Eier in die Bauchtasche des Männ-
chens, das sich um sie kümmert, bis etwa vier Wochen später die
Jungfische schlüpfen.

Eine kurze Geschichte der Klos

Pinkeln wie die Könige
3000–1500 v. Chr.: Im Palast von Knossos auf der griechischen Insel Kreta gab es bereits Toiletten mit Sitzen und Abwasserleitungen, mit denen die königliche Kacke entsorgt wurde.

Macht es euch gemütlich
Um 200 v. Chr.: Manche Chinesen hatten es auf dem Klo richtig bequem. Ihre steinernen Toiletten hatten nicht nur eine Wasserspülung, sondern auch Armlehnen. Komfortabel!

Teilt es brüderlich
753 v. Chr. – 410 n. Chr.: Bei den alten Römern ging man gern gemeinsam aufs Klo und saß auf Marmorbänken mit mehreren Löchern nebeneinander. Darunter floss Wasser durch einen Graben. Anstelle von Klopapier benutzten alle denselben Stock mit einem nassen Schwamm.

Lasst es rutschen

Um 1400: Der König von Frankreich saß in seinem Palast auf einem gepolsterten Klositz, unter dem sein „Geschäft" in einen 25 Meter langen Schacht fiel.

Lasst euch nicht nass machen

Gewöhnliche Bürger benutzten früher Nacht-töpfe. Ausgeschüttet wurden sie aus dem Fenster auf die Straße, wo auch schon mal ein Passant getroffen wurde. Dabei rief man: „Gardez l'eau" (ausgesprochen „gardeh lo"), also: „Achtung, Wasser!" Daher kommt vielleicht das Wort „Klo".

Vergesst nicht zu spülen

Im späten 15. Jahrhundert erfand John Harrington, ein Patensohn von Königin Elizabeth I. von England, die Wasserspülung. Elizabeth ließ Johns Toiletten in all ihren Palästen einbauen. Ein Verkaufsschlager wurden sie nicht.

Atmet tief durch

Im späten 17. Jahrhundert verbesserte Alexander Cummings das Design, indem er in die Abwasserleitung eine S-Kurve einbaute. So konnte fauliger Gestank nicht hochsteigen. Thomas Crapper machte die Toiletten 1880 marktfähig.

Schwer, schwerer, am schwersten

Eine Liste der menschlichen Organe von leicht nach schwer:

Nieren • Herz • Lungen • Gehirn • Leber • Haut

Was wird wo produziert?

Schweiß entsteht in den Schweißdrüsen der Haut.

Blut entsteht im Knochenmark.

Stuhl entsteht in den Verdauungsorganen.

Urin entsteht in den Nieren.

Blutgruppen

Wusstest du, dass es unterschiedliche Arten von Blut gibt? Menschen können verschiedene Blutgruppen haben: A, B, AB und 0. Manchmal braucht jemand eine Transfusion, das heißt er bekommt Blut von einem Spender. Je nach Blutgruppe kann man nur von bestimmten Personen Blut bekommen oder ihnen welches spenden.

Blutgruppe	Kann spenden an	Kann bekommen von
A	A und AB	A und 0
B	B und AB	B und 0
AB	AB	A, B, AB und 0
0	A, B, AB und 0	0

Interessante „ologen"

Wenn ein Wort auf „ologie" endet, geht es um etwas, das man studieren kann. Ein „ologe" hat sich dabei auf ein bestimmtes Fach spezialisiert. Zum Beispiel:

Der Archäologe
erforscht mit Ausgrabungen, wie die Menschen früher gelebt haben.

Der Paläontologe
studiert Fossilien von Pflanzen, Tieren und Menschen, die in Tausenden oder Millionen von Jahren versteinert sind.

Der Psychologe
erforscht den menschlichen Geist, wie wir ticken und warum.

Der Zoologe
studiert Tiere und sucht neue Arten.

Der Trichologe
erforscht Haarstruktur und Haarwurzel-erkrankungen.

Der Seismologe
studiert Erdbeben.

Der Geologe
erforscht die Struktur der Erde und Gesteine.

COOLER FELSEN!

Berühmte Marys

Mary Stewart wurde 1542 Königin von Schottland. Da war sie noch ein Baby. Als Erwachsene war sie unbeliebt und floh vor ihren Feinden nach England. Sie hoffte, dass ihre Cousine Elizabeth, die Königin von England, ihr helfen würde. Doch Elizabeth ließ sie verhaften und enthaupten. Nicht sehr gastfreundlich.

Marie Curie aus Polen war eine der berühmtesten Wissenschaftlerinnen ihrer Zeit. Ihre Entdeckungen führten zur Erfindung der Röntgenuntersuchungen. Sie bekam 1903 zusammen mit ihrem Mann Pierre den Physiknobelpreis verliehen und 1911 den Chemienobelpreis.

Mary Phelps Jacob wollte 1913 zu einer Party in New York ein bestimmtes Kleid anziehen, aber ihr Korsett passte nicht darunter. Also trug sie stattdessen zwei mit Bändern befestigte Seidentaschentücher. Die Idee fand Gefallen und so nannte sie ihre Erfindung Büstenhalter und gründete eine Firma, die BHs herstellte.

Mary Anderson entwickelte den ersten funktionierenden Scheibenwischer, nachdem sie 1903 auf einer Reise nach New York beobachtet hatte, wie mühsam es war, in einem Schneetreiben die Frontscheibe sauber zu halten. 1913 hatten bereits viele Autos in Amerika Marys Scheibenwischer.

Marie Tussaud lernte als Kind in Paris die Kunst des Modellierens mit Wachs. Im Jahr 1792, als die Monarchie in der Französischen Revolution gestürzt worden war, musste sie Totenmasken von denen anfertigen, die mit der Guillotine geköpft worden waren. 1835 gründete sie in London ein Wachsfigurenkabinett.

Länger geht's nicht

Küstenlinie: Kanada, 243.792 km

Schlange: Königspython, 10 m

Fluss: Nil, 6695 km

TOLLE AUSSICHT VON HIER OBEN

132 cm

Catwalk: 2292 km, wurde am 8. Oktober 2011 in Belgien aufgebaut.

Höhle: Mammut-Höhle, Kentucky, USA. Bis jetzt sind über 627,6 km erforscht worden.

Menschlicher Knochen: Femur (Hüftknochen), bei einem durchschnittlichen erwachsenen Mann 50 cm lang

Straßentunnel: Laerdal, Norwegen, 24,51 km

U-Bahn-Netz: Shanghai, 420 km

Erdwurm: In Südafrika entdeckt, voll ausgestreckt 6,7 m lang

Haare einer Frau: Xie Qiuping (China), 5,627 m

Beine einer Frau: Svetlana Pankratova (Russland), 132 cm

A

D F

36

H Z P

24

T X U D

18

Z A D N H

12

P N T U H X

9

U A Z N F D T

6

N P H T A F X U

5

X D F H P T Z A N

4

3

Sehtest

Glaubst du, Adleraugen zu haben? Mit diesem Sehtest findest du es heraus.

Stell dich 2,25 Meter von dieser Seite entfernt hin. Wenn du bis zur siebten Zeile alles lesen kannst, hast du eine normale Sehschärfe.
Wenn du bis zur letzten Zeile alles lesen kannst, hast du überdurchschnittlich gute Augen. (Falls du nicht mal die oberste Zeile lesen kannst, solltest du besser einen Termin beim Augenarzt machen.) Die Zahlen unter den Buchstaben geben deren Höhe in Millimetern an.

Augen auf im Tierreich

Wirf mal einen Blick auf die Tierwelt und erfahre Verblüffendes über ihre Sicht der Dinge.

• Ein Steinadler verfügt über eine enorme Sehschärfe und kann einen Hasen auf dem Boden aus 3,2 Kilometer Entfernung erspähen. Lauf, Häschen, lauf!

• Für Delfine ist Schlafen eine heikle Angelegenheit, weil sie regelmäßig zum Atmen an die Oberfläche müssen. Darum ratzen sie nicht komplett weg wie andere Säugetiere, sondern lassen ein Auge geöffnet. So kann sich eine Gehirnhälfte ausruhen, während die andere wachsam bleibt, nach Feinden Ausschau hält und für regelmäßiges Auftauchen sorgt.

• Pinguine brauchen keine Taucherbrille. Sie haben durchsichtige Augenlider. So können sie mit geschlossenen Augen sehen, wo sie hinschwimmen.

• Leg dich nicht mit einer Krötenechse an. Wenn sie sich angegriffen fühlen, können diese Reptilien aus Nordamerika Blut aus ihren Augen abschießen, bis zu 1,2 Meter weit!

SCHLUCK

Wer ist am schnellsten?

Manche Tiere sind superschnell, andere kommen nicht so fix aus den Startlöchern. Spute dich, Zebra!

Strauß
70 km/h

Zebra
55 Km/h

Gazelle
76 km/h

Wie wahrscheinlich ist es?

Wie wahrscheinlich ist es, dass du in einem Ei zwei Dotter findest? Manche Leute sind so verrückt und versuchen solche Sachen auszurechnen. Hier einige ihrer Erkenntnisse (die du aber nicht allzu ernst nehmen solltest):

- 1 von 1000 Eiern hat zwei Dotter.
- 1 von 10.000 Kleeblättern ist vierblättrig.
- Deine Chancen, am gleichen Tag Geburtstag zu haben wie dein Freund, stehen 1 zu 365.
- Deine Chancen, vom Blitz getroffen zu werden, stehen etwa 1 zu 3 Millionen. Genauso wahrscheinlich ist es, einem Alien zu begegnen. Das macht aber bestimmt mehr Spaß.

Löwe
80 km/h

Gepard
113 km/h

Blitzarten

Elmsfeuer • Flächenblitz • Kugelblitz • Linienblitz •
Plasmafäden • Perlschnurblitz • Wetterleuchten

1961

war das letzte Jahr, das sich auf dem Kopf genau so liest wie richtig
herum. Probiere es aus, dreh das Buch auf den Kopf!

Erfindungen

Einigen der folgenden Erfindungen begegnest du vielleicht täglich –
aber weißt du, seit wann es sie gibt?

Was	Wann	Was	Wann
Nähmaschine	1830	Kugelschreiber	1938
Sicherheitsnadel	1849	Mikrowelle	1946
Aufzug	1900	CD	1982
Elektrische Glühbirne	1878	World Wide Web (Internet)	1990
Elektrischer Toaster	1909		
Fernsehen	1925	DVD	1995

Kleine, nützliche Erfindungen

Ein Hoch auf diese kleinen, aber genialen Erfindungen. Was würden
wir ohne sie machen? Vermutlich ein dummes Gesicht …

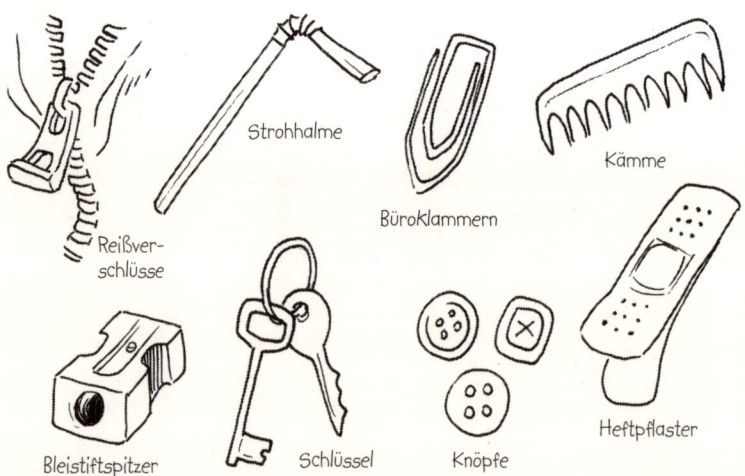

Strohhalme

Kämme

Büroklammern

Reißver-
schlüsse

Bleistiftspitzer

Schlüssel

Knöpfe

Heftpflaster

Die Sphinx

Die Sphinx war ein Monster aus der griechischen Mythologie. Sie hatte den Kopf einer schönen jungen Frau, den Körper und die Beine eines Löwen, Adlerflügel und einen Schlangenschwanz. Die Sphinx hockte auf einem Berg vor der griechischen Stadt Theben und forderte Durchreisende auf, ihr Rätsel zu lösen. Wenn sie es nicht schafften, fraß sie sie auf. Und sie schafften es nie!

Zum Glück für die Bewohner von Theben kam eines Tages ein kluger Held vorbei. Sein Name war Ödipus. Er schaffte es, das Rätsel zu lösen. Darüber war die Sphinx so entsetzt, dass sie von ihrem Berg fiel, über eine hohe Klippe stürzte und sich das Genick brach.

Kannst du das Rätsel der Sphinx lösen? Die Antwort findest du auf S. 39.

WAS GEHT AM MORGEN AUF VIER FÜSSEN, AM MITTAG AUF ZWEIEN UND AM ABEND AUF DREIEN?

Berühmte Sehenswürdigkeiten

Wenn du Städtereisen magst, kannst du rund um die Welt viele schöne und aufregende Orte erforschen. Die folgenden Sehenswürdigkeiten solltest du dir dabei auf keinen Fall entgehen lassen.

	Paris (Frankreich)	**Tokio (Japan)**	**Sydney (Australien)**
Gebäude	Eiffelturm	Meiji-Schrein	Opernhaus
Museum	Louvre	Nationalmuseum Tokio	Australisches Museum
Fluss	Seine	Sumida	Hawkesbury
Park	Bois de Boulogne	Yoyogi Park	Royal National Park

Die Lösung des Sphinx-Rätsels: der Mensch.
Als Kleinkind krabbelt er auf allen vieren, als Erwachsener geht
er auf zwei Beinen und im Alter braucht er als drittes Bein einen
Stock. Die vier Tageszeiten stehen für verschiedene Abschnitte
im Menschenleben. Am Morgen ist man ein Baby und am Ende
des Tages ein Greis.

London (England)	Moskau (Russland)	New York (USA)
Parlament	Kreml	Empire State Building
Britisches Museum	Tretjakov-Galerie	Metropolitan Kunstmuseum
Themse	Moskwa	Hudson
Regent's Park	Gorky Park	Central Park

Währungen

Wenn du in der Welt herumkommen willst, solltest du immer
wissen, welches Geld du am besten mitnimmst, denn manche
Länder haben eine andere Währung.

Australien · · · · · · · · · Australischer Dollar (100 Cent)
Bangladesch · · · · · · · · · · · · · · · · · · Taka (100 Poisha)
Brasilien · · · · · · · · · · · · · · · · · · Real (100 Centavos)
China · · · · · · · · · · · · · · · Yuan (10 Jiao oder 100 Fen)
Frankreich · · · · · · · · · · · · · · · · · · · Euro (100 Cent)
Gambia · Dalasi (100 Butut)
Großbritannien · · · · · · · · · · · · · · Pfund (100 Pence)
Indien · Rupie (100 Paise)
Japan · Yen (100 Sen)
Kroatien · Kuna (100 Lipa)
Malediven · · · · · · · · · · · · · · · · · · · Rufiyaa (100 Laari)
Mexiko · Peso (100 Centavos)
Papua-Neuguinea · · · · · · · · · · · · · · Kina (100 Toea)
Polen · Zloty (100 Groszy)
Russland · · · · · · · · · · · · · · · · · · Rubel (100 Kopeken)
Schweden · · · · · · · · · · · · · · · · · · · Krone (100 Öre)
Türkei · Lira (100 Kurus)
USA · Dollar (100 Cent)

Nussarten

Cashewnuss • Haselnuss • Kastanie • Kokosnuss •
Makadamianuss • Mandel • Paranuss • Pekanuss • Pistazie •
Walnuss

Einmal Maß nehmen, bitte!

Eine praktische Liste mit Kleider- und Schuhgrößen für Frauen. Das sind jedoch nur Richtwerte. Am besten probierst du alle Sachen immer an, bevor du sie kaufst, denn die Größen variieren je nach Hersteller.

Kleidergrößen

Großbritannien	6	8	10	12	14	16	18	20
USA	4	6	8	10	12	14	16	18
Europa	34	36	38	40	42	44	46	48

Schuhgrößen

Großbritannien	2	3	4	5	6	7	8	9
USA	4	5	6	7	8	9	10	11
Europa	35	36	37	38	39	40	41	42

Zehn berühmte Shoppingmeilen

- Calle Serrano, Madrid, Spanien
- Champs-Elysées, Paris, Frankreich
- Oxford Street, London, Großbritannien
- Rodeo Drive, Los Angeles, USA
- Wangfujing Street, Peking, China
- Kurfürstendamm, Berlin, Deutschland
- Pitt Street Mall, Sydney, Australien
- Tverskaya Ulitsa, Moskau, Russland
- Via dei Condotti, Rom, Italien
- Ginza district, Tokio, Japan

Wie verhält man sich in einem Gewitter?

Blitz und Donner sind aufregend, aber auch Furcht einflößend. Hier sind ein paar Tipps, was du tun musst, um bei einem Gewitter auch im Freien in Sicherheit zu sein.

Am wichtigsten ist es, möglichst tief am Boden zu bleiben. Meide Hügel und suche dir einen tief gelegenen Ort, wo du wartest, bis sich das Gewitter verzogen hat. Halte dich von Wasser fern, denn es leitet Elektrizität. Auch hohe Bäume, Masten und Metallobjekte sind zu meiden. Spann keinen Regenschirm auf. Weg mit Handy, Fahrrad, Golfschlägern und Skistöcken! Leg dich auf keinen Fall hin, denn je weniger Erdberührung du hast, desto besser. Wenn deine Haut kribbelt oder deine Haare sich aufstellen, dann steht ein Blitzeinschlag bevor. Geh sofort in die Hocke, umfasse deine Knie und senke den Kopf. Wenn du mit einer Freundin unterwegs bist, dann haltet möglichst großen Abstand voneinander.

Wie wurde der Kaffee entdeckt?

Der Legende nach fiel einem Ziegenhirten aus Äthiopien im Jahr 850 n. Chr. das ausgelassene Verhalten seiner Ziegen auf. Also beschloss er, die Beeren von dem Busch zu probieren, an dem sie sich bedient hatten. Zu seinem Erstaunen fühlte er sich so putzmunter wie noch nie. Er nannte seine Entdeckung Kaffee und ließ alle davon wissen.

Bei dem Busch handelte es sich um eine immergrüne tropische Kaffeepflanze. Heutzutage werden ihre Bohnen geröstet und gemahlen, bevor man aus ihnen Kaffee braut.

Kaffeezubereitungen

Wenn du das nächste Mal in ein Café gehst, weißt du dank der
folgenden praktischen Übersicht genau, was du bestellen kannst:

Konzentrierter
schwarzer Kaffee

Espresso

aufgeschäumte
Milch

Espresso

Milchkaffee

Milch-
schaum   Espresso

Espresso Macchiato

Mich-
schaum

Espresso

heiße
Milch

Latte Macchiato

Schokopulver
nach Belieben

heißer
Milchschaum

Espresso

Cappuccino

Sahne

Vanilleeis

kalte Milch

Espresso

Eiskaffee

Wie man Walzer tanzt

Walzer ist ein anmutiger, eleganter Tanz. Wir zeigen dir den Grundschritt, den du am besten mit einer Freundin zusammen übst. Wechselt euch ab, mal führt die eine, mal die andere. Die Schritte sind aus der Sicht der führenden Person gezeigt. Der Partner macht die ganze Zeit die entsprechenden spiegelbildlichen Bewegungen.

Stellt euch so auf, dass ihr euch anseht. Leg die rechte Hand um die Taille deiner Partnerin. Heb den linken Arm zur Seite, Handfläche nach oben. Deine Partnerin legt die linke Hand auf deine rechte Schulter und die rechte Hand in deine Linke.

Schritte für den Tänzer, der führt:

Schritt 1: Mach mit dem linken Fuß einen Schritt nach vorn. Deine Partnerin geht mit dem rechten Fuß rückwärts.

Schritt 2: Bewege den rechten Fuß nach vorne und rechts, entlang einem umgekehrten, liegenden L. Halte den linken Fuß still und verlagere das Gewicht auf den rechten Fuß.

Schritt 3: Gleite mit dem linken Fuß zum rechten hinüber und stelle ihn daneben.

Schritt 4: Geh mit dem rechten Fuß einen Schritt zurück.

Schritt 5: Mach mit dem linken Fuß einen Schritt zurück und nach links, wieder als würdest du einem L folgen. Halte den rechten Fuß still und verlagere das Gewicht auf den linken Fuß.

Schritt 6: Gleite mit dem rechten Fuß zum linken hinüber und stelle ihn daneben.

Jetzt beginnst du mit dem linken Fuß von vorn und wiederholst alle Schritte.

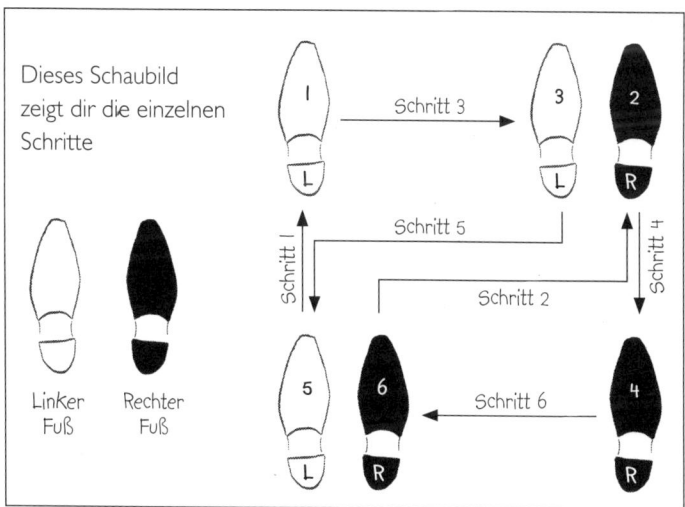

Dieses Schaubild zeigt dir die einzelnen Schritte

Linker Fuß   Rechter Fuß

Schritt 3
Schritt 1
Schritt 5
Schritt 2
Schritt 4
Schritt 6

Tipps

• Zähle dabei „Eins, zwei, drei, eins, zwei, drei", mit der Betonung auf der Eins.

• Beim Walzer sollte man den ganzen Saal nutzen. Dreh deine Partnerin die ganze Zeit ein Stückchen nach links, indem du die Schritte leicht schräg versetzt ausführst. Versuche gleichmäßig und geschmeidig dahinzugleiten.

> Der Walzer wurde im 18. Jahrhundert vermutlich aus deutschen und österreichischen Volkstänzen entwickelt.

Die Frauen von Henry VIII.

Henry VIII. war von 1509 bis 1547 König von England. Er war ein Vielfraß, wurde in den 38 Jahren seiner Regentschaft immer dicker und heiratete sechs Mal.

1. Katharina von Aragón
(Heirat 1509/Scheidung 1533)

Bis auf das Mädchen Mary starben alle Kinder, die Katharina bekam. Doch Henry wollte einen Sohn und Erben. Außerdem war er bereits heimlich in die Nächste verliebt. Also ließ er sich von Katharina scheiden.

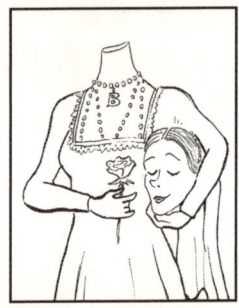

2. Anne Boleyn
(Heirat 1533/geköpft 1536)

Auch Anne bekam keinen Erben, sondern ein Mädchen. Da hatte Henry keinen Bock mehr auf Anne und ließ sie köpfen. Es heißt, dass ihr Geist mit dem Kopf unter dem Arm immer noch im Tower von London spukt.

3. Jane Seymour
(Heirat 1536/gestorben 1537)

Weniger als zwei Wochen nach Annes Tod heiratete Henry Jane. Sie war seine Lieblingsfrau, doch leider starb sie zwölf Tage, nachdem sie Edward, den lang ersehnten Sohn, auf die Welt gebracht hatte.

4. Anna von Kleve
(Heirat 1540/Scheidung 1540)
Die vierte Ehe war ein Flop. Man zeigte Henry das Gemälde eines hübschen deutschen Mädchens und riet ihm, sie zu heiraten. Als Henry sah, dass Anna nicht halb so hübsch war wie auf dem Bild, ließ er sich schon nach sechs Monaten wieder von ihr scheiden.

5. Catherine Howard
(Heirat 1540/geköpft 1542)
Catherine ehelichte Henry kurz nach seiner Scheidung, doch schon nach zwei Jahren kam heraus, dass sie einen heimlichen Liebhaber hatte. Und ratet mal, was Henry tat. Klar, er ließ sie köpfen.

6. Catherine Parr
(Heirat 1543/sie überlebte)
Sie lebte länger als Henry. Gut gemacht, Catherine!

> Mit diesem Abzählreim kann man sich die Schicksale seiner Frauen am besten merken:
>
> „Geschieden, geköpft, gestorben, Geschieden, geköpft, überlebt."

Wie viele?

3	Löcher hat eine Bowlingkugel
5	Augen hat eine Biene
6	Saiten hat eine Gitarre
7	Spieler hat ein Korbballteam
8	Töne hat eine Oktave
10	Beine hat eine Garnele
11	Spieler hat ein Hockeyteam
26	Knochen hat ein Fuß
52	Spielkarten sind in einem Packen
78	Kalorien hat ein mittelgroßes Ei
142	Treppen gibt es in Hogwarts, der Schule für Hexerei und Zauberei
366	Tage hat ein Schaltjahr
1440	Minuten hat ein Tag
31.536.000	Sekunden hat ein Jahr

Eine Froschhochzeit

Alles war ganz in Grün, als in Nordwest-Indien zwei Frösche vor 2000 Gästen das Ja-Wort quakten. Leider verwandelte sich keiner der Frösche nach dem Kuss in einen Prinzen. Es heißt, das Paar sei glücklich und hätte traumhafte Flitterwochen am Fluss verbracht. Einer alten indischen Tradition zufolge sollen Froschhochzeiten helfen, Dürreperioden zu beenden.

Vampir-Fakten

- Verlassen nachts ihre Gräber und greifen an
- Haben lange, spitze Eckzähne
- Können fliegen wie Fledermäuse
- Werfen keinen Schatten
- Sehen sich nicht im Spiegel

- Beißen Löcher in die Haut und saugen ihren Opfern das Blut aus
- Sterben, wenn man ihnen einen Holzpfahl ins Herz rammt

Was wird dir heute alles passieren?

- Dir werden bis zu 100 Haare ausfallen.
- Dein Herz wird ca. 100.000 Mal schlagen.
- Du wirst ca. 72 Esslöffel Spucke produzieren.
- Du wirst 199,2 Millionen Blutkörperchen bilden und zerstören.
- Du wirst ca. 21.600 Mal atmen.
- Du wirst ca. 120 Esslöffel Urin produzieren.
- Du wirst ca. 65 bis 200g Kot produzieren.
- Du wirst ca. 14 Mal pupsen.

Wie man einen Troll zähmt

Ein gezähmter Troll bringt dir Glück und vielleicht sogar Reichtum. Solange er ungezähmt ist, macht er jedoch alles kaputt. Achte auf folgende Zeichen, um in deinem Garten einen Troll zu entdecken: Wenn du kurz vor Sonnenaufgang laute, stampfende Schritte hörst, dann versteckt sich der Troll gerade, weil er im Sonnenlicht zu Stein erstarrt. Wenn du in den Blumenbeeten lange, breite Fußabdrücke mit acht Zehen findest, könnte ein Troll durchgelaufen sein. Wir verraten dir, was du mit dem Troll am besten machst.

1. Schritt: Füttere den Troll
Ein satter Troll ist leichter zu zähmen. Trolle sind nicht wählerisch und mögen Sachen, die verdorben sind.

2. Schritt: Begrüße deinen Troll
Damit dein Troll merkt, dass du sein Freund bist, lächelst und grunzt du. Zeige auf dich und sag deinen Namen. Mach es mehrmals, denn Trolle sind schwer von Begriff. Dann deute auf den Troll und hebe die Augenbrauen, bis der Troll seinen Namen grunzt.

3. Schritt: Mach deinem Troll ein Geschenk
Trolle haben Hakennasen, die oft laufen. Darum freut sich dein Troll bestimmt über ein Taschentuch. Falls er nur ein Auge hat, könntest du ihm eine schicke Augenklappe schenken. Trolle mögen außerdem alles, was glänzt.

4. Schritt: Zeit für ein Umstyling

Da Trolle meist sehr haarig sind, muss er erst mal mit Shampoo
gewaschen werden. Mit einer Haarspülung machst du sein Fell
seidenweich. Seine langen, verhornten Zehennägel können sicher
eine Pediküre vertragen. Und mit einem Fitnessprogramm tust du
etwas gegen seinen Kugelbauch.

5. Schritt: Hausbesuch bei deinem Troll

Sollte dein Troll dich in seine Höhle oder seinen Bau einladen:
Glückwunsch, du hast es geschafft, ihn zu zähmen. Vergiss nicht, vor
Entzücken ganz aus dem Häuschen zu sein, wenn du reingehst. Was
du für Gestank hältst, ist für deinen Troll ein lieblicher Duft. Und du
willst ihn ja nicht ärgern, denn auch ein gezähmter Troll kann
gefährlich werden.

Berühmte Schiffe

Schiffe spielen in der Geschichte der Menschheit seit Jahrtausenden eine wichtige Rolle, von den Ruderbooten der alten Ägypter bis hin zu den riesigen modernen Frachtern. Besonders bekannt sind diese Schiffe:

Queen Anne's Revenge (Königin Annes Rache)

1717 stahl der berühmte Pirat Blackbeard dieses französische Schiff und baute es in ein Piratenschiff mit 40 Kanonen um. Damit versetzte er die Karibik in Angst und Schrecken. Nach seiner Gefangennahme wurde er hingerichtet und sein Kopf auf dem Bugspriet aufgespießt.

Mary Celeste

1872 wurde auf dem Nordatlantik ein verlassenes zweimastiges Segelschiff entdeckt. Was wurde aus dem Kapitän, seiner Frau, deren Tochter und den acht Mannschaftsmitgliedern? Hatten sie sich im Rettungsboot in Sicherheit gebracht, weil die Dämpfe der 1701 Fässer mit Rohalkohol zu explodieren drohten? Gab es eine Meuterei? Einen Piratenangriff? Ein Seebeben? Man weiß es bis heute nicht.

Titanic

Die *Titanic* war ein riesiges Kreuzfahrtschiff mit neun Decks und mehr als 269 Meter lang. Sie galt als unsinkbar. Doch am 14. April 1912 kollidierte sie gegen 23:40 Uhr mit einem Eisberg und begann, mit Wasser vollzulaufen. Zwei Stunden und 40 Minuten später ging sie unter. Es gab nicht genug Rettungsboote und viele wurden zu Wasser gelassen, bevor sie voll besetzt waren. So starben mehr als 1500 Menschen.

Kon-Tiki

Dieses Floß aus Balsaholz wurde nach einem Inka-Gott benannt. 1947 segelte der norwegische Wissenschaftler Thor Heyerdahl mit einer fünf Mann starken Besatzung auf diesem Floß über den Pazifik. Er wollte beweisen, dass es möglich war, von der Westküste Südamerikas 6900 Kilometer weit bis nach Polynesien zu segeln, und dass die Besiedlung in grauer Vorzeit so stattgefunden haben konnte. Die Reise, mit der er seine Theorie bewies, dauerte dreieinhalb Monate. Das Floß steht heute im Kon-Tiki-Museum in Oslo.

Die Zahl Drei

Triceratops: ein Dinosaurier mit drei Hörnern – zwei großen über den Augen und einem kleinen über der Schnauze

Triathlon: ein Rennen mit drei Disziplinen: Schwimmen, Radfahren und Langlauf

Trikolore: die dreifarbige französische Flagge

Triennale: Veranstaltung, die alle drei Jahre stattfindet

Trigamist: jemand, der dreimal verheiratet war – oder drei Ehen gleichzeitig führt

Tripod: dreibeiniges Stativ, z. B. für Kameras

Triole: Gruppe aus drei Noten

Triangel: dreieckiges Schlaginstrument

Trivelo: Fahrzeug mit drei Rädern

Noch mehr Dreierlei

Heilige Drei Könige
- Melchior, König von Arabiena (brachte Gold)
- Caspar, König von Tarsus (brachte Weihrauch)
- Balthasar, König von Äthiopien (brachte Myrrhe)

Drei Körperbautypen
- Endomorph (schwer, rundlich)
- Ektomorph (leicht, zartgliedrig)
- Mesomorph (muskulös)

Drei Mischfarben
- Rot + Blau = Lila
- Rot + Gelb = Orange
- Blau + Gelb = Grün

Drei Ballette des Komponisten Tschaikowsky
- Schwanensee
- Der Nussknacker
- Dornröschen

Drei Länder, die zuerst Fernsehen hatten
- Großbritannien (1936)
- USA (1939)
- UdSSR (1939)

Die drei Musketiere
- Athos
- Porthos
- Aramis

Drei berühmte Worte
Veni, vidi, vici: Ich kam, sah und siegte – das sagte Julius Caesar 47 v. Chr., nachdem er einen Kurzkrieg in Pontus gewonnen hatte. Die Region Pontus liegt in der heutigen Türkei.

Buchstaben, die aus drei geraden Linien bestehen

Dreiecke

Wusstest du, dass die Lehre von den Dreiecken einen Namen hat?
Trigonometrie. Es gibt drei Arten von Dreiecken:

Gleichseitiges Dreieck:
Die Seiten sind gleich lang,
die Winkel gleich groß.

Gleichschenkliges
Dreieck:
Zwei Seiten und zwei
Winkel sind gleich.

Ungleichseitiges Dreieck:
Alle Seiten und Winkel
sind verschieden.

Sinn-sationell: Sehen

Du hast Millionen von Fotorezeptoren in der Netzhaut, einem
mehrschichtigen Nervengewebe auf der Augeninnenseite. Sie
verwandeln Formen und Farben in Impulse, die an den Sehnerv
weitergeleitet werden, der mit dem Gehirn verbunden ist.

Kein Muskel in deinem Körper arbeitet so viel wie die Augen-
muskulatur. Sie ist stark, reagiert schnell und kann sich in weniger als
einer Hundertstelsekunde zusammenziehen, wenn Licht auf deine
Iris trifft. Die Iris ist der farbige Teil deines Augapfels. Je heller es ist,
desto kleiner werden dank der Augenmuskeln deine Pupillen, bis sie
nur noch schwarze Punkte sind. Im Dunkeln weiten sie sich, um
möglichst viel Licht reinzulassen.

Wie man eine Taube verwirrt

Verirrte Taube

Im Kopf einer Taube befinden sich winzige magnetische Kristalle, die auf das Erdmagnetfeld reagieren und dem Vogel helfen, sich zurechtzufinden – wie ein Navigationssystem. Wenn du am Kopf einer Taube einen Magneten befestigst, geraten die Kristalle komplett durcheinander – und die Taube ebenso. Natürlich würdest du so etwas nie wirklich machen, denn es ist total fies.

Kennst du diese Baumarten?

Ahorn	Esche	Kiefer	Ulme
Birke	Eukalyptus	Lärche	Tanne
Buche	Fichte	Linde	Weide
Eibe	Haselnuss	Palme	Zeder
Eiche	Holunder	Pappel	Zypresse
Erle	Kastanie	Pinie	

Obstbäume

Apfel	Grapefruit	Mango	Pfirsich
Aprikose	Guave	Maulbeere	Pflaume
Birne	Kirsche	Orange	Quitte
Feige	Limette	Papaya	Zitrone

Unglaubliche Bäume

Bäume sind toll, denn sie versorgen
uns mit dem Sauerstoff, den wir
atmen. Es gibt ein paar Bäume, die
sogar noch toller sind:

Mammutbaum

Die riesigen Mammutbäume, die im
„Humboldt Redwood State Park" in
Kalifornien wachsen, sind die größten Bäume
der Erde. Sie brauchen bis zu 400 Jahre, bis
sie erwachsen sind, und einige von ihnen sind
mehr als 2000 Jahre alt. Der größte
Mammutbaum wird Hyperion genannt
und ist 115,2 Meter hoch. Das ist höher als
die Freiheitsstatue in New York. So hoch wie
26 gestapelte Doppeldeckerbusse.

GIGANTISCH

Affenbrotbaum

Das ist wohl der seltsamste
Baum, den es gibt. Er
wächst in Afrika und
hat einen dicken,
knotigen Stamm und
bizarr geformte Äste,
die sich wie Wurzeln
verzweigen. Darum
sieht es aus, als hätte
man ihn aus dem
Boden gezogen und
falsch herum wieder
eingepflanzt.

Bengalische Feige

Dieser Baum sieht merkwürdig aus, ist aber ziemlich schlau. Er
wächst auf anderen Bäumen und hat Luftwurzeln, die irgendwann
den Boden erreichen. So kann er
immer weitere Stämme
wachsen lassen. Der
Rekordhalter ist
ein Baum in
Kalkutta, Indien,
der 230 große
und 3000
kleine Stämme
besitzt.

Acht Stunden Schlaf

Ein Schlafzyklus besteht aus zwei Arten von Schlaf. Es gibt den REM-Schlaf und den NREM-Schlaf. REM steht für „rapid eye movement" (auf Deutsch in etwa „schnelle Augenbewegung"), NREM für „non-rapid eye movement".

In acht Stunden kannst du vier bis fünf Zyklen erleben. 75 Prozent der Nacht verbringst du im NREM-Schlaf, in dem deine Muskeln wachsen und die Zellen kleine Schäden reparieren. Etwa alle 90 Minuten bist du im REM-Schlaf, bei dem deine Hirnaktivität besonders hoch ist. Das erkennt man an den schnellen Hin- und Herbewegungen des Augapfels unter dem Lid.

Während des REM-Schlafs träumst du, und zwar etwa fünf bis sechs Träume pro Nacht. Ein Traum dauert im Durchschnitt 20 Minuten. Gegen Morgen steigt die Wahrscheinlichkeit von Albträumen.

Träume

Bist du schon mal aus einem Traum oder Albtraum aufgewacht und warst durcheinander. Was bedeuten Träume? Können sie wahr werden?

Seit Jahrtausenden versuchen die Menschen, die Bedeutung der Träume zu enträtseln. Vor langer Zeit dachte man, Träume würden die Zukunft vorhersagen. In Wirklichkeit verarbeitet dein Gehirn beim Träumen deine Erinnerungen, Gefühle und Gedanken.

Typische Traumelemente sind: fliegen können, fallen, verfolgt werden, öffentlich nackt herumlaufen. Wenn ein Traum dich stresst, dann macht dir vielleicht im wirklichen Leben etwas zu schaffen. Wenn du schöne Träume hast, dann geht es dir gerade richtig gut.

Hunde, Affen, Elefanten, Ratten und einige andere Tiere träumen ebenfalls.

Mund zu in der Nacht – Gründe gibt es genug

Spinnen • Kakerlaken • Moskitos • Staub • Käfer • Flöhe •
Ohrwürmer • Mit trockenem Mund aufwachen

Lotusfüße

Ab 960 v. Chr. gab es in China das „Fußbinden", mit dem verhindert werden sollte, dass die Füße von Mädchen mehr als 7,5–10 Zentimeter lang werden. Ein grausames Schönheitsideal. Man hielt diese Lotusfüße für besonders anmutig und feminin.

Das Fußbinden war extrem schmerzhaft. Die Zehennägel wurden geschnitten, die Füße in heißem Kräutersud eingeweicht – manchmal auch in Urin oder Tierblut. Danach wurde die weiche Haut massiert und mit Alaunsalz eingerieben.

Alle Zehen außer dem großen Zeh wurden gebrochen und unter die Fußsohle gebogen, dann wurden die Füße mit Baumwoll- oder Seidenbandagen fest umwickelt. Alle zwei Tage wurden die Bandagen entfernt und die Prozedur wiederholt, damit es nicht zu Entzündungen kam. Jedes Mal wurden die Bandagen enger gewickelt.

Zuletzt wurde das Fußgewölbe gebrochen und die Füße nach unten abgeknickt. So bekamen die Mädchen immer kleinere Schuhgrößen. Nach zwei Jahren war der Lotusfuß fertig, danach wurden die Bandagen nur noch abgenommen, um die Füße zu waschen. Das Fußbinden wurde 1912 verboten, aber noch viele Jahre lang heimlich praktiziert.

Frisuren

Beehive

Korkenzieher-
locken

Dreadlocks

Tolle

Cornrows

Bob

Französischer Zopf

Fingerwelle

Zöpfe

Irokese

Warum die Erde bebt

Heute weiß man, dass Erdbeben durch die Verschiebung von Kontinentalplatten entstehen. Aber früher hatten die Menschen andere Erklärungen parat.

Mittelamerika

Die Chorotegra in Mexiko glaubten, dass die Erde eine quadratische Platte ist, an deren Ecken jeweils ein Gott steht. Wenn die Götter fanden, dass zu viele Menschen auf der Erde lebten, dann neigten sie die Platte, damit ein paar davon runterfielen. Problem gelöst.

Westafrika

Die folgende Legende stammt wahrscheinlich vom Volk der Fon, das in Westafrika lebte. Sie glaubten, die Erde sei flach. Eine Seite wurde von einem Berg gehalten, die andere von einem Riesen. Die Frau des Riesen hielt den Himmel. Wenn der Riese gut drauf war,

FÜR DICH WÜRDE ICH BERGE VERSETZEN, MEIN SCHATZ

umarmte er seine Frau und brachte damit die Erde zum Beben. So gefährlich kann Liebe sein, wenn sie einen von wichtigen Aufgaben ablenkt.

Sibirien
Das Volk der Kamtschatka in Sibirien, Russland, glaubte, dass die Erde auf einem riesigen Hundeschlitten, den der Gott Tuli lenkte, im Universum herumgefahren wurde. Wenn die Hunde stehen blieben, um sich Flöhe aus dem Fell zu kratzen, bebte die Erde. Hätte es damals schon Flohmittel gegeben, wären Erdbeben ganz einfach zu verhindern gewesen.

Wie verhält man sich bei einem Erdbeben?

Wenn du das Pech hast, ein Erdbeben zu erleben, könnten sich einige dieser Tipps als nützlich erweisen.

Drinnen: Zieh dich so weit wie möglich ins Innere des Gebäudes zurück – am besten ins Erdgeschoss, wo die meisten Ausgänge sind. Halte dich von Fenstern fern, da das Glas brechen kann. Am sichersten bist du unter einem stabilen Tisch, wo dir nichts auf den Kopf fallen kann. Du kannst dich auch in einer Zimmerecke zusammenkauern. Denk daran, dein Gesicht und deinen Kopf mit den Händen zu schützen.

Draußen: Halte dich von hohen Gebäuden fern. Wenn du auf einem Hügel bist, geh ganz nach oben, denn die Hänge könnten abrutschen. In Küstengebieten meide Klippen und suche nach dem Erdbeben wegen der Flutwellengefahr einen hoch gelegenen Ort auf. Leg dich flach auf den Boden. Falls Trümmer herumfliegen, roll dich zusammen. Bleibe nach dem Beben in Alarmbereitschaft, falls es zu Nachbeben kommt.

Eine kurze Geschichte der Stifte

1. Um 4000 v. Chr.: Die alten Ägypter schrieben mit Pinseln aus Binsen auf Papyrus, das aus Cyperngras-Streifen hergestellt wurde.

2. Die alten Griechen und Römer kratzten Buchstaben mit Holz- oder Eisengriffeln auf Wachstafeln.

3. Um 500 bis 300 v. Chr.: Die alten Griechen verbesserten Schilfrohr-Federn, indem sie an der Spitze eine Kerbe anbrachten.

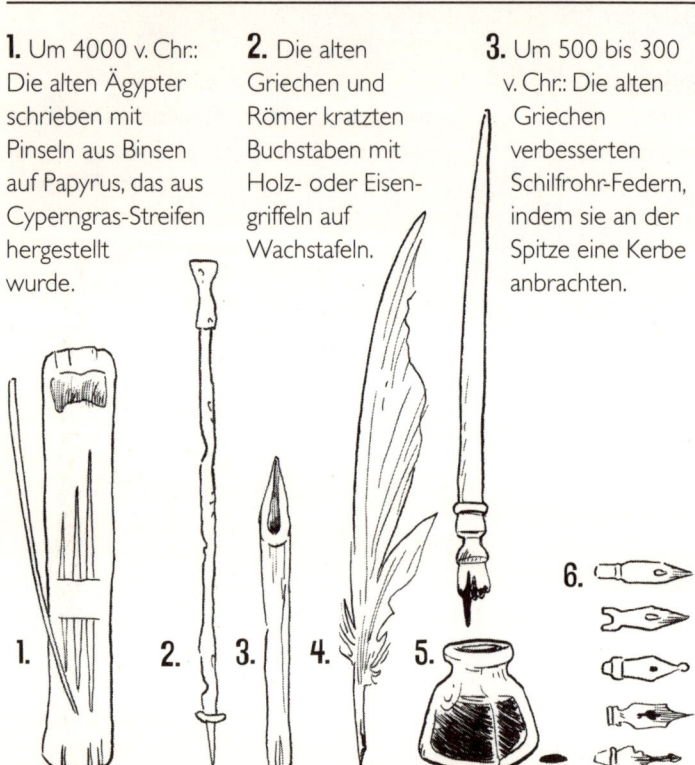

4. Die Römer entwickelten Federkiele aus Schwungfedern von großen Vögeln – das war für viele Jahrhunderte das meistverwendete Schreibwerkzeug.

5. Ab 1830: Teure, handgefertigte Stahlspitzen ersetzten allmählich die Federkiele.

6. Ab 1850: Nun konnten Federspitzen maschinell hergestellt werden. Federn werden immer in Tintenfässer getaucht.

7. Um 1880 bis 1900: Man erfand Füllfederhalter, die zum ersten Mal ihren eigenen Tintenvorrat enthielten.

8. 1938: Der Kugelschreiber wurde erfunden. An der Spitze einer mit Tinte gefüllten Röhre sitzt eine winzige Metallkugel, die die Tinte aufs Papier rollt.

9. 1962: Der Filzstift wurde entwickelt. Wenn man die Spitze aufs Papier drückt, saugt das Papier die Tinte aus dem Stift, so wie ein Schwamm Wasser aufsaugt.

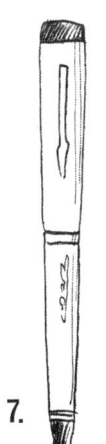 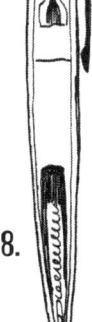   

7.　　**8.**　　**9.**　**10.**　　**11.**

10. 1966: Der Tintenroller wurde erfunden, mit einer Metallkugel wie beim Kugelschreiber und dem Tintenvorrat eines Filzschreibers.

11. 1979: Tinte, die man wieder entfernen konnte, wurde hergestellt. Erst nach ein oder zwei Tagen auf dem Papier wird sie unlöschbar.

Heute gibt es Stifte für alle möglichen Anforderungen. Astronauten benutzen Stifte, die auch dann schreiben, wenn man sie mit der Spitze nach oben hält.

Das griechische Alphabet

Das griechische Alphabet wurde ca. 1000 v. Chr. in Griechenland entwickelt. Es hat 24 Buchstaben, von denen du einigen in der Mathematik und in den Naturwissenschaften begegnest. Hier sind sie in der richtigen Reihenfolge.

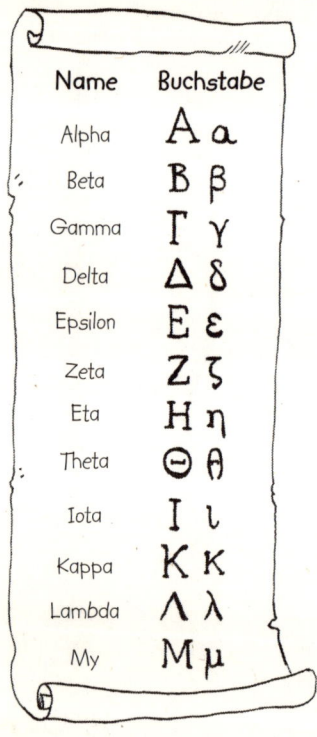

Schau dir die beiden ersten Buchstaben an – Alpha und Beta. Wenn man sie zusammensetzt, entsteht das Wort Alphabet. Genau da kommt es her.

Sechs Tipps für strahlende Zähne

1. Vergiss nie, die Zähne zweimal am Tag mindestens zwei Minuten lang zu putzen. Dabei vom Zahnfleisch wegbürsten.

2. Auch deine Zunge solltest du putzen, da sich auf ihr winzige Nahrungsreste und Bakterien sammeln.

3. Reinige die Zahnzwischenräume mit Zahnseide, um Essenreste loszuwerden.

4. Spüle anschließend den Mund gründlich mit Mundwasser aus oder bürste noch einmal nach.

5. Trink nach dem Essen immer Wasser, damit Bakterien vom Mund in den Magen gespült werden.

6. Rohkost ist ein besserer Snack als Süßigkeiten.

Griechische und römische Göttinnen

Die alten Griechen und Römer glaubten, dass die Welt von Göttern und Göttinnen beherrscht wurde, die für verschiedene Naturphänomene und Lebensumstände verantwortlich waren. Griechen und Römer hatten dieselben Götter, gaben ihnen aber andere Namen.

Göttin der/des	Griechische Göttin	Römische Göttin
Wahrheit	Alethia	Veritas
Schönheit, Liebe	Aphrodite	Venus
Jagd	Artemis	Diana
Weisheit, Krieg	Athene	Minerva
Fruchtbarkeit	Demeter	Ceres
Morgenröte	Eos	Aurora
Streit, Uneinigkeit	Eris	Discordia
Erde	Gaia	Tellus
Jugend	Hebe	Juventas
Ehe	Hera	Juno
Heimischer Herd	Hestia	Vesta
Sieg	Nike	Victoria
Vegetation	Persephone	Proserpina
Mond	Selene	Luna

Im Jahr 320 verboten der römische Kaiser Konstantin I. und die katholische Kirche den Verzehr von Wurst und erklärten das Wurst-Essen zur Sünde.

Wesen, die als Freunde nichts taugen

Ein Werwolf ist möglicherweise ein toller Freund bei Tag, aber in der Nacht – besonders bei Vollmond – verwandelt er sich in ein riesiges, zotteliges, Mädchen fressendes wolfartiges Wesen. Ein Werwolf hat zusammengewachsene Augenbrauen und Reißzähne, Klauen anstelle von Fingern und verschiedenfarbige Augen. Gruseliger Anblick.

Der Riese Gargantua ist eine Figur aus einem französischen Romanzyklus, der von 1532 bis 1564 erschien. Wenn Gargantua schläft, reißt er seinen Mund so weit auf, dass ganze Armeen hineinpurzeln. Als Franzose hat er einen hinreißenden Akzent, aber lass dich nicht täuschen. Er fängt Mädchen ein und schiebt sie sich zwischen die Zähne.

Welcher Hund passt zu dir?

Das ideale Hündchen passt zu deinem Stil und deiner Persönlichkeit. Aber denk dran: Manche Hundebesitzer sehen ihrem Vierbeiner irgendwann ähnlich!

1. Chihuahua: Ein winziger Hund mit ausgeprägter Persönlichkeit. Lässt sich leicht herumtragen, wenn man es eilig hat. Ideal für Mädchen, die viel unterwegs sind.

2. Afghane: Der Afghane braucht viel Bewegung und ist der ideale Begleiter für sportliche Mädchen.

3. Boxer: Dieser Hund hat ein griesgrämiges Gesicht und einen geringelten Schwanz – nur für Mädchen mit Humor.

4. Pudel: Ein schlauer Hund für Mädchen mit einem etwas durchgeknallten Stil.

5. Bulldogge: Weder klug noch schön – aber kräftig. Für Mädchen, denen nicht nur das Aussehen wichtig ist.

6. Pekinese: Ein haariges Hündchen mit plattem Gesicht, breiter Schnauze und versnobtem Gesichtsausdruck. Passt zu selbstbewussten Mädchen.

7. Dogge: Ein sehr großer Hund. Am besten für Mädchen, die in einer Villa mit Park leben.

8. Schäferhund: Dieser kluge Hund könnte bei ängstlichen Mädchen Albträume auslösen, da er einem Wolf ähnelt. Geeignet für mutige Frauen.

9. Dackel: Klein aber oho! Sieht aus wie eine Wurst mit Stummelbeinchen. Verspielt, aber eigensinnig. Passt zu Mädchen, die nicht auf lange Spaziergänge stehen.

10. Dalmatiner: Hund mit entzückenden Tupfen. Dalmatiner können lange und ausdauernd laufen und eignen sich ideal für Mädchen, die für einen Marathon trainieren.

Gefährdete Tierarten

Eine Tierart gilt als gefährdet, wenn nur noch so wenige Exemplare leben, dass sie bald ganz aussterben könnte. Hier einige vom Aussterben bedrohte Arten:

Säugetiere

- Afrikanischer Wildhund
- Asiatischer Elefant
- Baktrisches Kamel
- Blauwal
- Dreifinger-Faultier
- Eisbär
- Gepard
- Großer Panda
- Nördlicher Breitstirnwombat
- Orang-Utan
- Riesengürteltier
- Schneeleopard

Vögel

- Braunbauchamazilie
- Elfenbeinspecht
- Galapagospinguin
- Guatemaladrossel
- Kalifornienkondor
- Kapuzenzeisig
- Kronenadler
- Purpurrückenkolibri
- Schmutzgeier
- Schreikranich
- Schwarzschnabelstorch

Amphibien und Reptilien

- Ägyptische Landschildkröte
- Altwelt-Sumpfschildkröte
- Bergmolch
- Bermudaskink
- Gelbaugenlaubfrosch
- Kalifornischer Tigersalamander
- Komodowaran
- Limosa-Harlekinfrosch
- Lotievs Viper
- Moorschildkröte
- Spitzkrokodil
- Tennenti Hornagame
- Tropfenschildkröte

Bekannte Gerichte aus aller Welt

Jedes Land hat mindestens eine kulinarische Spezialität aufzuweisen, die weltweit bekannt ist. Lass es dir schmecken.

Australien: Die Australier lieben ihre Barbecues, vor allem gegrillte Shrimps.

Japan: Sushi ist dort ein sehr beliebtes Gericht: Röllchen aus kaltem, gesäuertem Reis mit rohem Fisch und Gemüse.

Frankreich: Bouillabaisse (gesprochen: bujabäs) ist eine herzhafte Fischsuppe, zu der man Baguette isst.

Spanien: Paella ist ein würziges Pfannengericht mit Reis, Garnelen, Muscheln und Huhn.

Italien: Die Pizza ist ein flacher, runder Brotteig, der vielfältig belegt und im Steinofen gebacken wird. Erfunden wurde sie in Neapel, heute isst man sie überall.

USA: Der Apfelkuchen ist in den USA ein Symbol für gute Hausmannskost. Der Teig wird mit geschmorten Äpfeln gefüllt und dann gebacken. Dazu gibt es Sahne oder Eis.

Poltergeister

Es gibt Leute, die an Poltergeister glauben: neugierige, boshafte Geister, die Häuser heimsuchen, in denen Kinder oder Teenager leben. Ob es bei dir einen gibt, erkennst du an diesen verdächtigen Anzeichen:

1. Bilder fliegen von der Wand und quer durchs Zimmer.
2. Dinge werden von unsichtbaren Händen umgeworfen.
3. Laute Klopfgeräusche
4. Grausiger Gesang
5. Echos von Schritten
6. Plötzlicher, kalter Luftzug
7. Zuschlagende Türen
8. Stimmengewirr in leeren Räumen
9. Ein Klavier spielt ganz von alleine.
10. Katzen fauchen ohne ersichtlichen Grund.

Jedes Herz schlägt anders

- Das Herz eines Grauwals schlägt ca. 9 Mal pro Minute.
- Ein Menschenherz schlägt 60 bis 100 Mal pro Minute.
- Das Herz eines Kolibris schlägt ca. 1200 Mal pro Minute.

Diese Tiere sind vor allem nachts aktiv

Dachs • Erdferkel • Eule • Fledermaus • Flusspferd • Koala • Löwe • Nerz • Otter • Panda • Stinktier • Tiger

ACHTUNG: PROBIERE DAS NICHT MIT DEINER KATZE!

Das Butterbrot-Katzen-Paradoxon

Butterbrot landet immer auf der Butterseite. Katzen landen immer auf den Füßen. Was passiert, wenn du einer Katze ein Butterbrot mit der Butter nach oben auf den Rücken bindest und beide zusammen aus großer Höhe runterfallen lässt?

Verrückte Tierwelt

Tiere sind wunderbare und seltsame Geschöpfe. Wusstest du, dass …

- eine Schlange drei Jahre am Stück schlafen kann?

- Ameisenköniginnen neun Stunden lang schlafen, während Arbeiterameisen Hunderte von kleinen Nickerchen halten?

- ein Maulwurf in einer Nacht einen 90 Meter langen Tunnel graben kann?

- Nacktschnecken nur einen großen Fuß haben, auf dem sie vorwärts kriechen?

- Giraffenzungen fast einen halben Meter lang sind?

Ende gut ... von wegen

William Shakespeare hat einige der berühmtesten Theaterstücke geschrieben. Zwei davon sind tragische Liebesgeschichten.

Romeo und Julia

Zwei mächtige Familien, die Montagues und die Capulets, befehden sich. Romeo (ein Montague) besucht in Verkleidung ein Fest der Capulets. Er und Julia (eine Capulet) verlieben sich ineinander.

Am nächsten Tag lassen sie sich von Pater Lorenzo heimlich trauen. Doch Julias Cousin Tybalt fordert Romeo zum Kampf heraus. Romeo weigert sich. Sein Freund Mercutio kämpft an seiner Stelle. Tybalt tötet Mercutio. Aus Rache tötet Romeo Tybalt und wird verbannt.

Julias Familie weiß nichts von der heimlichen Ehe und will sie mit ihrem Cousin Paris verheiraten. Pater Lorenzo gibt Julia einen Trank, mit dem sie zwei Tage in einen todesähnlichen Schlaf fällt. Er schickt Romeo eine Botschaft, dass er Julia aus der Familiengruft befreien soll. Doch Romeo erhält die Botschaft nicht.

Als Romeo von Julias Tod erfährt, eilt er in die Gruft, tötet Paris, küsst Julia, nimmt Gift und stirbt. Julia erwacht, sieht den toten Romeo und tötet sich mit seinem Dolch. Nach diesem tragischen Ereignis beenden die Familien die Fehde. Zu spät für Romeo und Julia.

Antonius und Kleopatra

Marcus Antonius, einer der drei Herrscher Roms, verliebt sich in die ägyptische Königin Kleopatra.

Antonius ist mit Fulvia verheiratet. Als er in Ägypten weilt und erfährt, dass Fulvia gestorben ist, kehrt er nach Rom zurück und heiratet die Schwester von Octavius, einem weiteren der drei Herrscher, mit dem er zerstritten ist. Die Ehe soll sie wieder versöhnen. Als Kleopatra davon erfährt, ist sie eifersüchtig.

Antonius kann nicht anders, er muss wieder nach Ägypten zu Kleopatra reisen. Als Octavius davon erfährt, erklärt er Ägypten den Krieg. Es kommt zu einer Seeschlacht zwischen Octavius und Antonius. Kleopatra will Antonius mit ihren Schiffen beistehen. Sie scheitert und Antonius wird besiegt.

Der Streit geht weiter und Antonius glaubt, Kleopatra hätte sich mit Octavius gegen ihn verbündet, was gar nicht stimmt. Kleopatra ist darüber so sauer, dass sie ihm eine Selbstmord-Nachricht schickt. Daraufhin ersticht sich Antonius und wird zu Kleopatra gebracht. Er stirbt in ihren Armen. Kleopatra ist außer sich vor Kummer und lässt sich von einer Giftschlange beißen. Diesmal stirbt sie wirklich.

Sinn-sationell: Riechen

Gerüche entstehen durch Moleküle, die wir einatmen. Millionen von Geruchsrezeptoren in der Nase erkennen die Moleküle und leiten die Information ans Gehirn weiter. Dort merkst du dann, was du gerade gerochen hast.

Die Nase kann sieben verschiedene Grundgerüche erkennen:

- blumig (Rose, Jasmin)
- mentholartig (Minze)
- moschusartig (Parfüm)
- kampferähnlich (Mottenkugeln)
- beißend (Essig)
- ätherisch (Reinigungsmittel)
- faulig (faule Eier)

Alle anderen Gerüche entstehen aus Mischungen dieser sieben Grundgerüche in verschiedenen Kombinationen und Anteilen. Deine Nase kann ca. 10.000 verschiedene Gerüche unterscheiden. Im Alter lässt der Geruchssinn nach. Dein Hund hat zwar ein kleineres Gehirn als du, aber einen viel besseren Geruchssinn.

Der größte Berg unseres Sonnensystems ...

befindet sich auf dem Mars. Es ist der Olympus Mons, ein riesiger Vulkan. Er ist 25 Kilometer hoch und hat einen Durchmesser von 624 Kilometern. Damit ist er dreimal so hoch wie der Mount Everest, der höchste Berg der Erde.

Schreib doch mal an ...

Mr und Mrs Dursley
Ligusterweg 4
Little Whinging
Surrey, Großbritannien

Z.Hd. Batman
Wayne Manor
Gotham City
USA

Sherlock Holmes
221b Baker Street,
London, Großbritannien

Peter Pan
Die zweite rechts
dann immer geradeaus
bis zum Morgen,
Nimmerland

AIR MAIL

Bart Simpson
742 Evergreen Terrace,
Springfield, USA

Weihnachts-
mann
Nordpol

Die besten Ausreden

Stell dir diese kniffligen Situationen vor. Wenn dir das passiert, kannst du dich entschuldigen – oder eine pfiffige Ausrede benutzen.

1. Du hast deinen frechen kleinen Bruder in den Schrank gesperrt, da kommt deine Mutter rein.
„Er dachte, sein Schrank sei ein Tor in eine andere Welt. Ich habe ihm gezeigt, dass das nur im Film funktioniert."

2. Dein Vater erwischt dich, als du dich vor dem Abendessen mit Süßigkeiten vollstopfst.
„Ich möchte mal Konditor werden, darum lerne ich, verschiedene Geschmacksrichtungen zu unterscheiden."

3. Du schläfst in einer langweiligen Bio-Stunde ein und dein Lehrer weckt dich.
„Ich habe nicht geschlafen. Ich habe nur einen kurzen Winterschlaf gehalten, wie kleine Säugetiere es nun mal machen."

4. Die Mutter deiner Freundin sieht, wie du heimlich ihr ekliges Essen versteckst, um es später wegzuwerfen.
„Es ist so lecker, da wollte ich meiner Mutter auch etwas davon mitbringen. Könnte ich bitte das Rezept haben?"

Wenn das passiert, musst du unbedingt dabei sein

- Die erste Begegnung mit einem Alien
- Die erste Pauschalreise zum Mond
- Echte Magie wird möglich, ganz ohne Tricks.
- Es gibt den ersten Zaubertrank, der unsichtbar macht.
- Man entdeckt, dass die Saurier gar nicht ausgestorben sind.

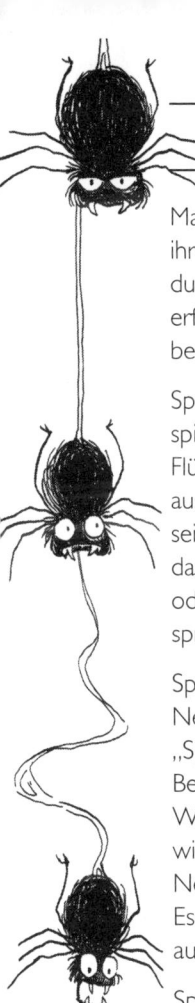

Die spinnen, die Spinnen!

Magst du Spinnen oder bekommst du bei ihrem Anblick Gänsehaut? Vielleicht wirst du sie mit anderen Augen sehen, wenn du erfährst, wie bemerkenswert diese achtbeinigen Tiere sind.

Spinnen erzeugen Seide, aus der sie ihre Netze spinnen. Spinnenseide ist eine schleimige Flüssigkeit, die an der Luft zu einem Faden aushärtet. Der Faden kann dünn oder dick sein, klebrig oder rutschig. Spinnen machen daraus auch Kokons, in die sie sich einhüllen, oder Rettungsleinen, falls sie in die Tiefe springen müssen.

Spinnen weben verschiedene Arten von Netzen. Radnetze sind rund und haben „Speichen" wie Räder. Sie sind unterteilt in Bereiche zum Fangen der Beute und zum Wohnen. Waldspinnen weben Raumnetze, die wie Hängematten geformt sind. Dreieckige Netze werden zwischen Astgabeln gespannt. Es gibt auch Trichternetze, in denen Spinnen auf Beute lauern.

Spinnenseide ist reich an Eiweiß, darum kann eine Spinne ihren Hunger stillen, indem sie ihr Netz auffisst. Bäh! Eine Spinne kann sich nicht in ihrem eigenen Netz verfangen, da ihre Füße eine ölige Flüssigkeit ausscheiden.

ANGST VOR SPINNEN NENNT MAN ARACHNO-PHOBIE.

Diese Schwestern sind etwas Besonderes

Begabte Autorinnen

Charlotte, Emily und Anne Brontë waren begabte Romanautorinnen. Sie wuchsen in einem öden, einsamen Dorf in den Mooren von Yorkshire in England auf. Die Schwestern hatten eine schwere Kindheit und diese frühen Erfahrungen spielten in ihren düsteren Romanen eine wichtige Rolle. Bis 1847 hatten alle drei jeweils ein Buch veröffentlicht. „Jane Eyre" von Charlotte Brontë und „Sturmhöhe" von Emily Brontë wurden Bestseller.

Showgrößen

Die Schwestern Kylie und Dannii Minogue stammen aus Australien. Kylie begann als Kind mit der Schauspielerei und wurde zu einer weltberühmten Popsängerin. Dannii begann auch als Schauspielerin, bevor sie eine Gesangskarriere startete. Sie war Jurorin bei „X Factor UK" und „Australia's Got Talent" und hat ihr eigenes Modelabel.

Tennis-Champions

Serena und Venus Williams sind zwei amerikanische Tennisspielerinnen von Weltklasse. Die Schwestern wurden seit ihrem fünften Lebensjahr von ihrem Vater trainiert. 2002 waren sie die ersten Geschwister, die es an die Spitze der Weltrangliste schafften. Sie waren damals also die beiden besten Tennisspielerinnen der Welt.

Die Simpson-Schwestern

Die Zwillinge Patty und Selma Bouvier sind Figuren aus der amerikanischen Zeichentrickserie „Die Simpsons". Sie sind die älteren Schwestern von Marge Simpson und wurden 1947 geboren. Sie können Marges Mann Homer nicht ausstehen.

Die Tierkreiszeichen

Widder
21. März – 20. April

Stier
21. April – 20. Mai

Zwillinge
21. Mai – 21. Juni

Krebs
22. Juni – 22. Juli

Löwe
23. Juli – 23. Aug.

Jungfrau
24. Aug. – 23. Sept.

Waage
24. Sept. – 23. Okt.

Skorpion
24. Okt. – 22. Nov.

Schütze
23. Nov. – 21. Dez.

Steinbock
22. Dez. – 20. Jan.

Wassermann
21. Jan. – 19. Feb.

Fische
20. Feb. – 20. März

Begriffe aus dem Ballett

Hast du schon mal jemanden über die perfekte „Pirouette" oder den wunderschönen „Pas de deux" (sprich „Padedö") reden gehört, ohne zu wissen, was gemeint ist? Dir kann geholfen werden. Viele Ballett-Begriffe kommen aus dem Französischen. Hier sind die wichtigsten und was sie bedeuten.

Cambré: Eine Beugung aus der Hüfte

Enchaînement: Eine zusammenhängende Abfolge von Schritten, in einer ganz bestimmten Reihenfolge

Entrechat: Ein Sprung, bei dem der Tänzer die Füße in der Luft mehrmals überkreuzt

Fouetté: Bewegungen der Beine, um Schwung für einen Sprung oder eine Drehung zu bekommen

Jeté: Einer der Grundschritte. Man springt von einem Fuß auf den anderen.

Pas de deux: „Tanz für zwei", Choreographie für zwei Tänzer

Pirouette: Eine oder mehrere wirbelnde Umdrehungen, bei denen man auf einem Bein steht

Plié: Beugen der Knie

Relevé: Auf die Fußspitze erheben

Sauté: Mit beiden Füßen hochspringen und in der gleichen Position landen

Ballettpositionen

Hier siehst du die fünf Grundstellungen im klassischen Ballett. Jede Bewegung beginnt aus einer dieser Positionen. Sie wurden im späten 17. Jahrhundert von dem französischen Balletttänzer Pierre Beauchamp eingeführt.

Dritte

Zweite

Vierte

Erste

Fünfte

Berühmte Ballette

Cinderella • Coppélia • Der Feuervogel • Don Quichotte • Dornröschen • Giselle • La Bayadère (Die Tempeltänzerin)

Pawlowa: benannt nach einer Ballerina

Pawlowa ist ein sommerliches Dessert, das nach der russischen Ballerina Anna Pawlowa (1881–1931) benannt wurde. Es soll so leicht und elegant sein wie Anna, die tanzte, als könnte sie fliegen.

Zutaten:
Für den Eischnee:
3 Eiweiß • 175g extrafeiner Zucker.

Für den Belag:
0,25 l Schlagsahne (geschlagen) •
450 g Beeren
(z. B. Himbeeren, Erdbeeren,
Brombeeren) •
1 EL Puderzucker

1. Heize den Backofen auf 180°C vor (Gasherd Stufe 4).

2. Lege einen großen Teller auf ein Stück Backpapier und male am Rand entlang einen Kreis auf das Backpapier. Dreh das Backpapier um und lege es auf ein Backblech. Es muss das Blech komplett bedecken.

3. Trenne drei Eier und gib das Eiweiß in eine Rührschüssel.

4. Schlag das Eiweiß mit einem elektrischen Rührer auf, bis es fest zu werden beginnt.

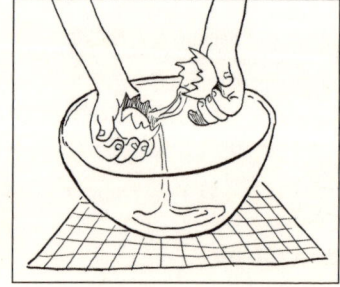

5. Streue unter ständigem Rühren den Zucker dazu, bis der Eischnee feste, glänzende Spitzen bekommt.

6. Nach etwa acht bis zehn Minuten ist der Eischnee fertig. Teste ihn, indem du die Schüssel kippst. Der Eischnee sollte sich nicht bewegen.

7. Löffle den Eischnee auf das Backblech. Beginne in der Mitte des gezeichneten Kreises und forme den Eischnee mit der Löffelrückseite so, dass er glatt ist und genau den Kreis ausfüllt.

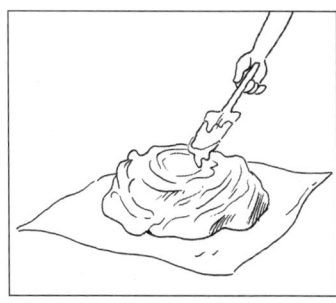

8. Backe den Eischnee 90 Minuten lang bei 120°C.

9. Klopfe auf das entstandene Baiser. Wenn es knusprig klingt, ist es fertig. Lass es im Ofen, bis es komplett ausgekühlt ist.

10. Stürze es auf eine Kuchenplatte und entferne vorsichtig das Backpapier. Löffle die geschlagene Sahne darauf und verziere sie mit den Früchten. Zuletzt bestäubst du das Obst mit dem Puderzucker. Lass es dir schmecken.

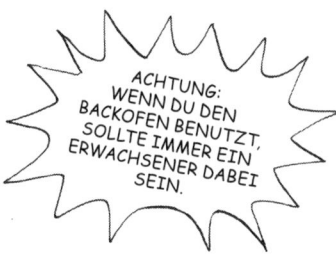

ACHTUNG: WENN DU DEN BACKOFEN BENUTZT, SOLLTE IMMER EIN ERWACHSENER DABEI SEIN.

Partnersuche für Tiere

Im Tierreich geben sich manche Männchen enorme Mühe, um ein Weibchen zu finden.

1. Das Fleckenlaubenvogel-Männchen versucht, das Weibchen mit einem schicken Laubengang zu bezirzen. Es baut ihn aus verwobenen Stängeln und schmückt ihn mit Knochen, Steinen, Schneckenhäusern und anderen Schätzen, die es findet. Je glänzender und bunter, desto besser. Es ordnet alles liebevoll in Mustern an, die in der Sonne glitzern. In den Nestern wurde schon alles Mögliche gefunden.

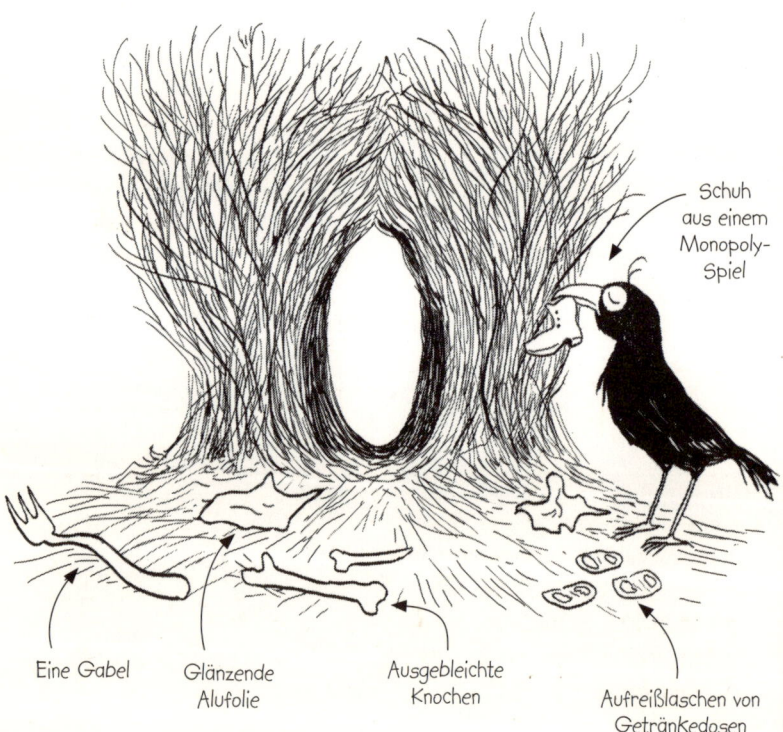

Schuh aus einem Monopoly-Spiel

Eine Gabel

Glänzende Alufolie

Ausgebleichte Knochen

Aufreißlaschen von Getränkedosen

2. Molchmännchen zeigen mit einem sorgfältig choreographierten Wasserballett ihre feinfühlige Seite.

3. Bei Tanzfliegen geht Liebe durch den Magen. Die Männchen schenken den Weibchen frische Insekten.

4. Das Männchen der Siedleragame balzt mit hochrotem Kopf um ein Weibchen und macht Liegestütze, um zu zeigen, wie fit es ist.

5. Wenn es hart auf hart kommt, kämpfen Männchen um ein Weibchen. Klapperschlangen ringen bis zu eine Stunde lang miteinander und versuchen, den Kopf des Gegners auf den Boden zu drücken. Delfine knallen mit den Köpfen zusammen, beißen und kratzen sich. See-Elefanten können im Eifer des Gefechts versehentlich den Nachwuchs zerquetschen, ohne es überhaupt zu merken.

Seltsame Sammlerobjekte

- Bleistiftspitzer
- Plastikäpfel
- Nagelknipser
- „Bitte nicht stören"-Schilder
- Glocken
- Teelöffel

- Kotztüten
- Kerzen
- Masken
- Telefone
- Fusseln aus dem Bauchnabel
- Zahnpasta

Aller guten Dinge sind sieben

Sieben Dinge, die es sieben Mal gibt:

Die Sieben Zwerge aus dem Disneyfilm „Schneewittchen"
Chef • Happy • Hatschi • Brummbär • Pimpi • Seppi • Schlafmütze

Sieben Wochentage
Montag • Dienstag • Mittwoch • Donnerstag • Freitag • Samstag • Sonntag

Die Sieben Weltwunder der Antike
Koloss von Rhodos • Pyramiden von Gizeh • Die Hängenden Gärten zu Babylon • Leuchtturm auf der Insel Pharos • Das Königsgrab zu Halikarnassos • Zeusstatue von Olympia • Tempel der Artemis in Ephesos

Die Sieben Weltwunder der Natur
Grand Canyon (USA) • Great Barrier Reef (Australien) • Hafen von Rio de Janeiro (Brasilien) • Mount Everest (Nepal) • Nordlichter, auch Aurora Borealis genannt (Polarkreis) • Paricutin-Vulkan (Mexiko) • Victoriafälle (Sambia)

Die sieben Todsünden
Hochmut • Habgier • Wollust • Neid • Völlerei • Zorn • Trägheit

Die sieben Merkmale von Lebewesen
Bewegung aus eigener Kraft • Reizbarkeit • Atmung • Stoffwechsel • Wachstum • Fortpflanzung • Aufbau aus Zellen

Die Disziplinen des Siebenkampfs für Frauen
100-Meter-Hürden • Hochsprung • Kugelstoß • 200-Meter-Lauf • Weitsprung • Speerwurf • 800-Meter-Lauf

Coole Schul-Träume

Lehrer in Panik

Du träumst, du wärst in der Schule, und zwar unsichtbar. Du läufst durch das Schulgebäude und machst gruselige Geräusche. Jetzt denken alle, in der Schule würde es spuken.

Plötzlicher Ruhm

Du träumst, dass der Mathetest ausfällt, weil deine Lieblings-Boyband in deinem Klassenzimmer ihren neuen Videoclip dreht – und du spielst die Hauptrolle.

Unglaubliche Eiscreme

Du träumst, dass es in der Schulmensa magisches Eis gibt. Jeder Löffel davon schmeckt nach einer anderen Sorte. Lecker!

Dinos total

Euer Schulbus ist eine Zeitmaschine und bringt euch eines Montagmorgens in die Zeit der Saurier. So macht Lernen Spaß.

Wesen, denen du im Park nicht begegnen möchtest

Der Bargest ist ein mythischer Hund mit riesigen Reißzähnen und Klauen, dessen Bisse und Kratzer niemals heilen. Die Menschen in Yorkshire, England, glauben, einem Bargest zu begegnen, sei ein böses Omen und bedeute, dass einem bald etwas noch viel Schlimmeres passieren wird.

Der Zerberus aus der griechischen Mythologie ist ein riesiger, dreiköpfiger Hund mit Reptilienschwanz, dem Schlangen aus dem Rücken wachsen. Er bewacht den Eingang zur Unterwelt, dem Hades. Wenn du ihm im Park begegnest, hat er sich verlaufen und ist mies drauf.

Seltsame Gewächse

Einige Pflanzennamen klingen sonderbar.
Die Fledermausblume kann zum Beispiel gar nicht fliegen!

- Fledermausblume
- Kängurublume
- Storchschnabel
- Kriechender Günsel
- Gänsedistel
- Tränendes Herz
- Köstliches Fensterblatt
- Gundermann
- Waldmeister
- Pestwurz
- Spitzwegerich
- Hornstrauch
- Beifuß
- Fackellilie
- Fette Henne
- Wüstenkohlrabi
- Fleißiges Lieschen
- Flammendes Käthchen
- Engelstrompete
- Adonisröschen
- Metzgerpalme
- Goldtröpfchen
- Eisenhut
- Kuhschelle
- Frauenschuh
- Ballonblume

Schuhe aller Art

Pantoffel

Flip-Flop

Gummistiefel

Keilschuh

Pfennigabsatz

Stummelabsatz

Riemchenschuh

Halbschuh

Turnschuh

Cowboystiefel

Holzschuh

Mokassin

Sag es mit Blumen

Wusstest du, dass Blumen ihre eigene Geheimsprache haben? Jede Blüte hat eine andere Bedeutung. Stell doch mal einen Strauß für deine Mutter oder deine beste Freundin zusammen und zeig ihr, was du fühlst.

Rosa Nelke: Ich werde dich nie vergessen.

Krokus: Jugend und Glück

Geranie: Wahre Freundschaft

Gardenie: Freude

Geißblatt: Hingabe

Hyazinthe: Verspieltheit

Weiße Lilie: Reinheit des Herzens

Große Sonnenblume: Wertschätzung

Rosa Rose: Freundschaft

Glockenblume: Zuverlässigkeit

Rittersporn: Fröhlichkeit

Löwenzahn: Weisheit

Lupine: Vorstellungskraft

Fuchsie: Guter Geschmack

Violettes Stiefmütterchen: Ich denke an dich.

Ich liebe dich

Wenn du das nächste Mal einen Liebesbrief schreibst, kannst du den Empfänger damit beeindrucken, dass du den Brief in verschiedenen Sprachen unterzeichnest. Damit gewinnst du vielleicht sein Herz.

Je t'aime (Französisch)
I love you (Englisch)
Te amo (Spanisch)
Ti amo (Italienisch)
Ik hou van je (Dänisch)
Minä rakastan sinua (Finnisch)
Kocham cie (Polnisch)
Eu te amo (Portugiesisch)

Ya tebya lyublyu (Russisch)
Jag älskar dig (Schwedisch)
Seni seviyorum (Türkisch)
Aishiteru (Japanisch)

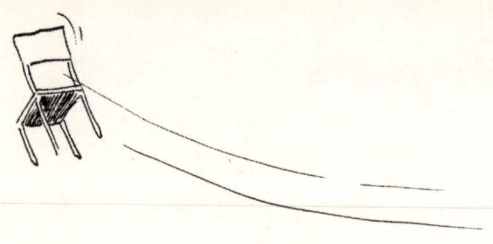

Haarsträubend

Windstärke wird mit der Beaufortskala gemessen. Sie wurde 1805 entwickelt und nach Sir Francis Beaufort benannt, der aber nur einen kleinen Beitrag dazu geleistet hat. Wichtig ist diese Skala besonders in der Schifffahrt und in der Luftfahrt. Aber dir geht es sicher vor allem darum, was der Wind mit deiner Frisur anstellt.

Wind-stärke	Wind	Haare
0	Windstill	Frisur hält
1	Leiser Zug	Haare bewegen sich leicht
2	Leichte Brise	Haare bewegen sich etwas mehr
3	Schwache Brise	Haare beginnen zu schwingen
4	Mäßige Brise	Haare schwingen stärker
5	Frische Brise	Haare flattern
6	Starker Wind	Haare peitschen um den Kopf
7	Steifer Wind	Haare klatschen auf die Backen
8	Stürmischer Wind	Haare werden stark zerzaust
9	Sturm	Haare bauschen sich
10	Schwerer Sturm	Frisur gerät völlig durcheinander
11	Orkanartiger Sturm	Frisur ist nicht mehr zu retten
12	Orkan	Hör auf, dir um deine Haare Sorgen zu machen, und bring dich in Sicherheit!

So machst du einen Haarknoten

Ein Haarknoten eignet sich ideal bei Windstärken von 5 und mehr. Du brauchst dafür mittellange Haare.

1. Bürste deine Haare ganz glatt und fahre zuletzt noch einmal mit dem Kamm durch.

2. Binde an der Stelle, wo der Knoten sein soll, einen Pferdeschwanz und kämme ihn aus.

3. Drehe den Pferdeschwanz fest zu einem Strang.

4. Winde den Strang um das Haargummi, mit dem der Pferdeschwanz befestigt ist.

5. Stecke das Ende und alle losen Haare unter den Knoten.

6. Haarnadeln halten den Knoten.

7. Noch etwas Haarspray und die Frisur sitzt.

Der Ameisenigel

Der Ameisenigel ist ein Säugetier, das in Australien, Tasmanien und Neu-Guinea lebt. Dieser stachelige Ameisenfresser ist neben dem Schnabeltier das einzige Eier legende Säugetier. Das Ei wird in einem Beutel am Bauch ausgebrütet. Ameisenigel gehören zu den ältesten Säugetieren. Ein Fossilfund hat gezeigt, dass es sie schon vor 17 Millionen Jahren gab.

Stundenplan in Hogwarts

Stell dir vor, du würdest auf die Hogwarts-Schule für Hexerei und Zauberei gehen. Der Unterricht wäre nie langweilig und Harry Potter wäre in deiner Klasse. Wie cool! Hier ein paar Fächer, die du belegen kannst, und die Noten, die du vielleicht bekommst:

Hauptfächer:
Zaubersprüche
Geschichte der Zauberei
Verwandlung
Verteidigung gegen die dunklen Künste
Zaubertränke
Astronomie
Kräuterkunde

Nebenfächer:
Arithmantik
Alte Runen
Wahrsagen
Pflege magischer Geschöpfe
Muggelkunde

Zaubergrade (ZAGs)

Bestanden:
O = Ohnegleichen
E = Erwartungen übertroffen
A = Annehmbar

Nicht bestanden:
M = Mies
S = Schrecklich
T = Troll

Pferderassen

Seit Jahrhunderten züchten die Menschen verschiedene Pferde-
rassen. Hier einige Beispiele:

Achal-Tekkiner	Fjordpferd	Mustang
American Quarter Horse	Gelderländer	Paint Horse
Andalusier	Haflinger	Palomino
Appaloosa	Holsteiner	Selle Français
Araber	Isländer	Shire
Camargue-Pferd	Irisches Zugpferd	Suffolk Punch
Cleveland Bay	Knabstrupper	Tennessee Walker
Clydesdale	Lipizzaner	Tersker
Holländisches Warmblut	Lusitano	Trakehner
Englisches Vollblut	Morgan	

Ponyrassen

Ponys sind kleine Pferde, die nicht größer als 147 Zentimeter
werden. Hier einige Beispiele:

Burma-Pony	Exmoor-Pony	New-Forest-Pony
Connemara	Fell-Pony	Shetlandpony
Dartmoor-Pony	Highland-Pony	Welsh-Pony
Dülmener Wildpferde	Java-Pony	

Pferdefarben

Braun	Falbe	Palomino	Schimmel
Braunschecke	Graubraun	Rotbraun	Schwarzbraun
Cremello	Kastanie	Rotschimmel	Schwarz

Wie du dich bei einem Festessen vornehm benimmst

Falls du das Glück hast, zu einem festlichen Bankett in einer riesigen Luxusvilla eingeladen zu werden, dann befolge diese Tipps und du wirst glänzen und dich amüsieren.

- Körperhaltung ist alles. Setz dich aufrecht hin. Am besten stellst du dir vor, auf dem Kopf ein Buch zu balancieren.

- Die Serviette steckt man nicht wie ein Lätzchen in den Halsausschnitt, sondern legt sie sich auf den Schoß.

- Für jeden Gang gibt es ein anderes Besteck. Beginne mit dem, das ganz außen liegt.

- Suppe schlürfen ist ein absolutes No-Go.

- Die Ellenbogen beim Essen am Körper halten, als hätte man etwas unter die Arme geklemmt.

- Wenn dein Gastgeber einen dummen Witz erzählt, dann lache trotzdem darüber.

- Das Wetter ist das ideale Gesprächsthema. Haarige Füße sind ein schlechtes Gesprächsthema.

Sinn-sationell: Hören

Es gibt große und kleine, abstehende und anliegende Ohren und mit allen kann man hören.

Geräusche entstehen, wenn sich etwas bewegt oder schwingt. Klangwellen pflanzen sich in der Luft mit 343 Meter pro Sekunde fort. Deine Ohren fangen diese Wellen ein und melden dem Gehirn, was sie gehört haben und aus welcher Richtung es kam.

Lautstärke wird in Dezibel (dB) gemessen. Alles, was lauter ist als 120 dB, tut weh. Wenn man über längere Zeit einem Schall von 90 dB ausgesetzt ist, kann das Ohr geschädigt werden, und Krach über 185 dB würde das Trommelfell zerreißen lassen. Was ist wie laut? Das kannst du hier nachlesen:

Startendes Flugzeug	30–140 dB
Staubsauger	bis 90 dB
Normale Unterhaltung	60 dB
Flüstern	20–30 dB
Blätterrauschen	10–20 dB

Sachen, die paarweise auftreten

- Salz und Pfeffer
- Eimer und Schaufel
- Hänsel und Gretel
- Die Schöne und das Biest
- Brot und Butter
- Donner und Blitz

- Bella und Edward
- Batman und Robin
- Messer und Gabel
- Tag und Nacht
- Cowboy und Indianer
- Pommes und Ketchup

Braille

Braille ist eine Schrift speziell für Blinde und Sehbehinderte. Sie besteht aus Punktmustern, die als Erhöhungen zu ertasten sind. Louis Braille (1809–1852) hat diese Schrift erfunden. Er erblindete mit drei Jahren, als er sich in der Werkstatt seines Vaters verletzte. Mit nur 15 Jahren entwickelte er die Blindenschrift. In unserem Braille-Alphabet sind die erhabenen Punkte schwarz dargestellt. Kannst du deinen Namen in Brailleschrift schreiben?

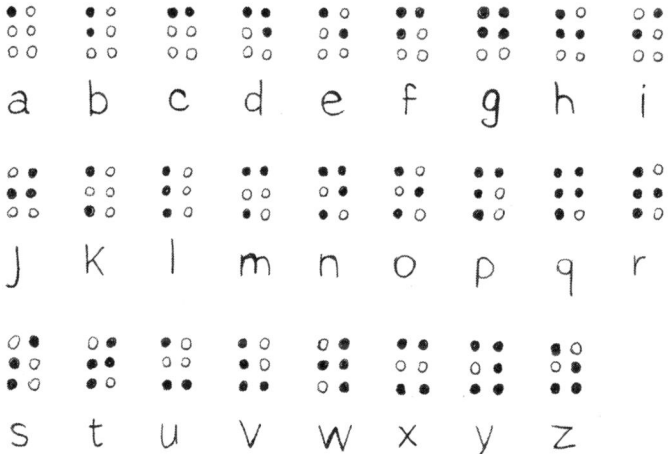

> Der Erste Weltkrieg hat zum Erfolg des BHs beigetragen. 1917 bat die US-Marine die Frauen, keine Korsetts mit Metallstäbchen mehr zu kaufen. Die Frauen stiegen auf BHs um und das Metall konnte für den Bau von zwei Kriegsschiffen verwendet werden.

Wer modisch sein will, muss leiden

Frauen haben immer schon verrückte Moden mitgemacht und im Namen der Schönheit Qualen und Unbequemlichkeit ertragen.

Haarsträubend

Im 18. Jahrhundert war in Adelskreisen die Pompadour-Frisur sehr beliebt. Die Frauen befestigten Drahtkörbe auf dem Kopf und ordneten die Haare drum herum in fantasievollen Arrangements an. Dann wurde nach Herzenslust mit Bändern, Federn und Blumen verziert. Sogar Modellboote mit Segeln, Flaggen und Kanonen kamen in die Haare, die monatelang nicht gewaschen wurden. So konnten sich Läuse und Ungeziefer ansiedeln.

Blass und vergiftet

Im 16. Jahrhundert versteckte Queen Elizabeth I. von England ihre Hautunreinheiten unter dicken Make-up-Schichten. Die Hofdamen machten es ihr eifrig nach. Leider enthielt das Make-up Blei, das die Haut zerstörte und die Frauen vergiftete.

Verrückte Schuhe

In den 60er- und 70er-Jahren des 20. Jahrhunderts waren Schuhe mit Plateausohlen der letzte Schrei. Im 21. Jahrhundert haben Designer wie Alexander McQueen diesen Trend wiederbelebt, mit noch höheren Absätzen! Achtung, Stolpergefahr.

Atemlos

Im 19. Jahrhundert trugen Frauen Korsetts, um einen schlanken Oberkörper zu haben. Doch bequem waren die Korsetts nicht, sogar richtig schmerzhaft. In den 1840ern waren die Korsetts vorne mit Metall- oder Holzeinlagen und hinten und an den Seiten mit Fischbein verstärkt. Das Korsett wurde festgezurrt, bis die Dame meinte, ihre Taille sei schlank genug, selbst wenn sie dabei kaum noch Luft bekam. Kein Wunder, dass die vornehmen Damen früher oft in Ohnmacht fielen.

Unglaubliche Unterröcke

Reifröcke waren Unterröcke, die dank Reifen aus Holz oder Federstahl weit abstanden und den darüber getragenen Röcken Halt gaben. Im 19. Jahrhundert waren sie bei vornehmen Anlässen nicht wegzudenken. Es war knifflig, damit durch enge Türen oder in Kutschen zu kommen. An windigen Tagen wurden die Damen manchmal umgeweht. Die Reifröcke waren zum Teil aus Seide oder Musselin gemacht und gerieten in der Nähe von offenen Feuern leicht in Brand.

Tanzschritte aufs Papier gebracht

Die Choreologie ist eine Tanznotation. Mit ihr kann man also
Tanzschritte auf dem Papier festhalten und sich so merken. Sie
wurde 1955 von Rudolf und Joan Benesh patentiert und wird heute
noch benutzt. Die Hand- und Fußstellungen des Tänzers werden mit
Symbolen auf ganz normalen Notenlinien eingetragen. Jede der fünf
Linien stellt einen anderen Körperteil dar.
Hier drei ganz einfache Beispiele:

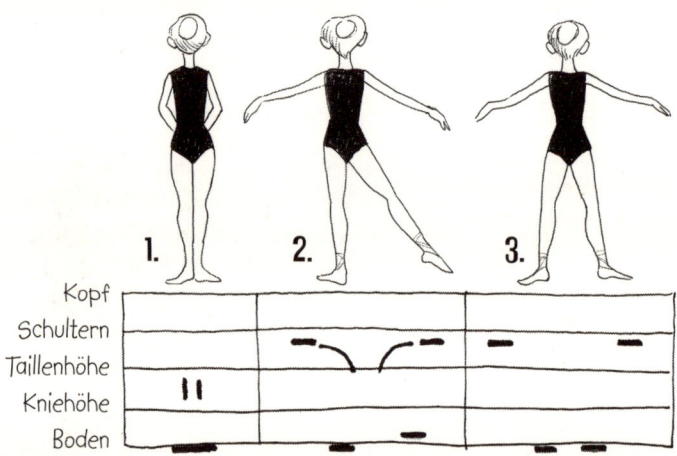

1. Beide Füße stehen nebeneinander auf dem Boden. Die Hände
sind vor dem Körper, knapp unter der Taille.
2. Die Tänzerin steht auf dem linken Fuß. Der rechte wird ausgestreckt etwas über dem Boden gehalten. Die Arme bewegen
sich nach oben und außen, von der Taille bis in Schulterhöhe. Die
Armbewegung ist als Kurve dargestellt.
3. Beide Füße stehen auf dem Boden, etwas über schulterbreit
auseinander. Die Hände werden knapp unter Schulterhöhe gehalten,
mit ausgestreckten Armen.

Wesen, die du nicht in deiner Ballettklasse haben willst

Der Ihuaivulu ist eine riesige, siebenhändige Sagengestalt aus Südamerika. Ihuaivulu haust in einem Vulkan und speit Feuer. Mit einem Tutu aus Kunstfasern sollte man also besser nicht in seine Nähe kommen.

Der Zyklop stammt aus der griechischen Mythologie. Dieser hässliche, gefährliche Riese hat nur ein Auge über der Nase. Zyklopen essen gern Menschenfleisch (du könntest ihnen als Snack dienen) und eignen sich nicht als Ballettschüler, da sie mit ihren klobigen Füßen nicht in Ballettschuhe passen.

Als der Stummfilmstar Charlie Chaplin an einem „Charlie-Chaplin-Ähnlichkeitswettbewerb" teilnahm, wurde er Dritter.

Wie du mit den Fingern strickst

Mit den Fingern kannst du ganz einfach ohne Nadeln stricken. Mach es so wie in der Anleitung und du bekommst ein Strickband, das du als cooles Stirnband benutzen kannst. Bald kannst du eine ganze Kollektion in verschiedenen Farben machen, auch zum Verschenken.

1. Such einen Wollknäuel aus. Lege das Ende des Fadens lose um den linken Zeigefinger (falls du Linkshänderin bist, um den rechten) und binde einen Knoten. Das kurze Ende des Fadens sollte auf dem Handrücken liegen.

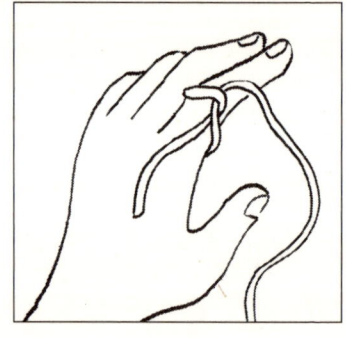

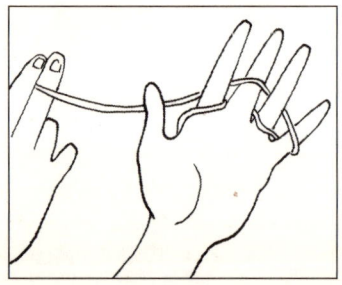

2. Das Fadenende, das aus dem Wollknäuel kommt, führst du nicht zu fest um die Finger herum: hinter den Mittelfinger, vor den Ringfinger, hinter den kleinen Finger.

3. Jetzt führst du den Faden wieder zurück zu deinem Zeigefinger: vor den kleinen Finger, hinter den Ringfinger und so weiter. Wiederhole 2. und 3., sodass auf jedem Finger zwei Reihen Wollschlingen sind. Die zweite Reihe soll über der ersten liegen.

4. Jetzt hebst du am kleinen Finger die untere Schlinge über die obere, ziehst sie vom Finger und hängst sie nach hinten. Das wiederholst du beim Ringfinger, bis auf allen Fingern nur noch eine Reihe Schlingen liegt.

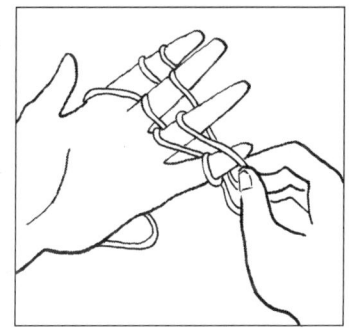

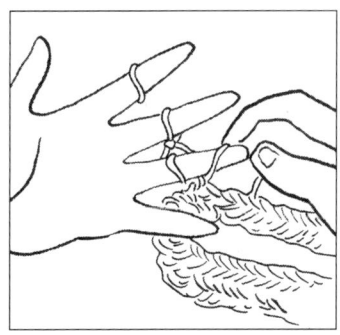

5. Du webst eine weitere Reihe um die Finger und wiederholst Schritt 4. Hin und wieder ziehst du leicht an dem Strang hinter deinen Fingern, damit er in Form bleibt. Mach so lange weiter, bis der Strang um deinen Kopf passt.

6. Du stellst das Stirnband fertig, wenn nur eine Reihe Schlaufen um deine Finger liegt. Du ziehst die Schlinge vom kleinen Finger ab und lässt sie über den Ringfinger gleiten, sodass sie über der anderen Schlinge liegt. Hier ziehst du die untere Schlinge über die obere und legst sie hinter die Hand. Die verbleibende Schlinge ziehst du vom Ringfinger auf den Mittelfinger. Wiederhole diesen Vorgang, bis nur noch eine Schlinge auf dem Zeigefinger liegt. Schneide den Faden 15 Zentimeter lang ab und fädle das Ende durch die letzte Schlinge. Hebe sie vom Finger und ziehe sie mit dem Faden fest zu. Und schon ist dein Stirnband fertig. Ist es nicht schick geworden?

Acht Dinge, die Hamster glücklich machen

1. Kauf einen möglichst großen Käfig. Am besten ist ein Plastikkäfig oder ein Gitterkäfig mit Plastikwanne. Kein Holzkäfig, denn dein Hamster könnte sich einen Fluchtweg nagen. Richte mehrere Ebenen und verschiedene Bereiche ein zum Schlafen, Essen und Spielen.

2. Suche sorgfältig nach dem besten Platz. Hamster vertragen weder Sonne noch Zugluft und brauchen eine gleichbleibende Temperatur. In der Nähe sollte keine Lärmquelle sein wie ein Kühl- oder Gefrierschrank, ein Fernseher oder CD-Player.

3. Das Hamsterrad sollte so groß sein, dass dein Hamster seinen Rücken nicht durchbiegen muss, und eine geschlossene Lauffläche haben. Querstäbe sind ein Verletzungsrisiko.

4. Hamster spielen gern. An einem Sisalseil kann er sich entlanghangeln oder es anknabbern. Es macht ihm Spaß, durch eine Klopapier- oder Küchenrolle zu laufen. Kleine Töpfe oder Plastikröhren sind prima Verstecke. Denke daran, dass sich Sachen aus Holz nicht eignen, da er sie ruckzuck durchnagt. Räum die Spielsachen im Käfig hin und wieder um, damit dein Hamster sich nicht langweilt.

Der glücklichste
Hamster der Welt.

5. Lass deinen Hamster für sein Futter arbeiten, wie er es auch in freier Wildbahn tun würde. Wenn du das Futter in Schachteln und Töpfen im Käfig versteckst, ist er beschäftigt.

6. Reinige den Käfig regelmäßig. Entferne täglich schmutzige Einstreu. Einmal wöchentlich entfernst du die gesamte Einstreu, wischst den Käfig aus und spülst ihn mit warmem Wasser und Spülmittel. Nach dem Trocknen gibst du frische Einstreu und reichlich Nistmaterial hinein (nicht aus Synthetik, denn das verklumpt in den Backentaschen oder macht Verstopfung).

7. Überzeuge dich regelmäßig davon, dass dein Hamster gesund ist. Wenn in seinem Fell Sägespäne stecken, entferne sie mit einer weichen Zahnbürste. Ist sein Fell sauber und glänzend? Gibt es an den Augen, Ohren, der Nase oder unter dem Schwanz wunde Stellen?

8. Hamster sind nachtaktiv. Tagsüber schlafen sie viel, nachts bewegen sie sich drei oder vier Stunden lang. Sie mögen es nicht, wenn man sie plötzlich weckt – das magst du ja auch nicht. Also wecke deinen Hamster behutsam und hebe nie einen schlafenden Hamster hoch – er könnte dich beißen.

Reflextest

Ein Reflex ist eine automatische Reaktion deines Körpers auf einen Reiz und passiert so schnell, dass du darüber gar nicht nachdenken kannst. Reflexe sind zum Beispiel:

• Husten

• Niesen

• Die Hand wegziehen, wenn sie an etwas Heißes kommt

• Den Arm ausstrecken, um einen Ball zu fangen, der auf dich zufliegt

• Blinzeln, wenn dir etwas ins Auge fliegt

• Der Kniesehnenreflex

Probiere mal, ob ein Freund bei dir den Kniesehnenreflex auslösen kann.

1. Setz dich mit angewinkelten Knien auf einen Stuhl.

2. Lege ein Bein über das andere, der obere Fuß hängt dabei in der Luft.

3. Dein Freund soll mit der Handkante schnell und kurz gegen eine Stelle direkt unterhalb deiner Kniescheibe klopfen.

4. Dein Unterschenkel wird reflexartig nach oben schnellen.

Der Killerwal ist das Säugetier, das am schnellsten schwimmen kann, bis zu 55 km/h. Der Eselspinguin ist der Vogel, der am schnellsten schwimmen kann, bis zu 35 km/h.

Nationalblumen

Eine Nationalblume steht symbolisch für ein Land. Meist geht die Bedeutung der Nationalblume auf ein kulturelles oder religiöses Ereignis zurück.

Ägypten · · · · · · · · · Lotusblume
Belgien · · · · · · · · · · · Roter Mohn
Brasilien · · · · · · · · · · · · Orchidee
Deutschland · · · · · · · Kornblume
England · · · · · · · · · · · · · · · Rose
Frankreich · · · · · · · · · · · · · · · Iris
Irland · · · · · · · · · · · · · · · · · Klee

Japan · · · · · · · · · · · · · Kirschblüte
Kanada · · · · · · · · · · · · · · · Ahorn
Mexiko · · · · · · · · · · · · · · · Dahlie
Niederlande · · · · · · · · · · · Tulpe
Österreich · · · · · · · · · · Edelweiß
Portugal · · · · · · · · · · · · Lavendel
Schottland · · · · · · · · · · · · Distel

Siehst du einen Musiker oder ein Frauengesicht?

Musikbegriffe

Die Begriffe, mit denen Musik beschrieben wird, stammen überwiegend aus dem Italienischen, da sie zuerst von großen italienischen Komponisten verwendet wurden.

Crescendo: Lauter werden

Diminuendo: Leiser werden

Piano: Leise

Pianissimo: Sehr leise

Forte: Laut

Fortissimo: Sehr laut

Accelerando: Schneller werden

Adagio: Langsam

Allegro: Schnell und heiter

Andante: Fließend, schreitend

Cantabile: Singbar

Dolce: Sanft und süß

Espressivo: Mit Ausdruck

Legato: Gebunden

Presto: Sehr schnell

Rallentando (rall.): Langsamer werden

Staccato: Abgehackt

Vivace: Schnell und lebhaft

Wenn das doch auch in echt passieren würde!

Wäre es nicht toll, wenn einige der coolen Sachen aus Büchern auch im richtigen Leben passieren würden? Stell dir vor, du hättest …

… magische Haare wie Rapunzel.

… einen Tarnumhang wie Harry Potter.

… einen Schrank, der in eine andere Welt führt, wie in „Die Chroniken von Narnia".

… eine Schokoladenfabrik wie Willy Wonka in „Charlie und die Schokoladenfabrik".

… einen Faun als besten Freund wie Lucy in „Die Chroniken von Narnia"

… Mary Poppins als Babysitterin.

… ein magisches Einhorn wie Laura in der Sternenschweif-Reihe.

… einen sprechenden Hamster wie Kira aus der Karate-hamster-Reihe.

Nützliche Wörter aus anderen Sprachen

Die folgenden Ausdrücke haben tolle Bedeutungen, aber man kann sie nicht wörtlich übersetzen. Lass doch mal ein oder zwei davon im nächsten Gespräch fallen und verblüffe damit deine Freunde und deine Familie.

Bakku-shan ist ein japanisches Wort. Es beschreibt ein Mädchen, das von hinten hübsch aussieht. Aber wenn sie sich umdreht, sieht man, dass sie es gar nicht ist. Upps!

Esprit d'escalier ist ein französischer Ausdruck, der wörtlich „Geist der Treppe" bedeutet. Er beschreibt die ärgerliche Situation, wenn jemand einen beleidigt hat und einem erst beim Weggehen eine geniale Erwiderung dazu einfällt.

Jayus ist indonesischer Slang und bedeutet, dass ein Witz so grottenschlecht ist, dass man einfach darüber lachen muss. Passt prima, wenn einer deiner Freunde sich für witzig hält.

Katahara itai ist japanisch und beschreibt das Gefühl, das man hat, wenn man so heftig lachen muss, dass man Seitenstechen bekommt.

Ataoso ist ein spanischer Begriff aus Zentralamerika und beschreibt jemanden, der überall nur Probleme sieht. Kennst du einen schwierigen Typen? Frag ihn doch mal, warum er so ein Ataoso ist.

Tartle ist ein schottisches Wort. Es beschreibt den Augenblick des Zögerns, wenn man jemanden vorstellt und merkt, dass man seinen Namen vergessen hat. Wie peinlich!

Tingo ist ein tolles Wort. Es kommt von den Osterinseln im östlichen Pazifik und bedeutet: „Sich immer wieder Sachen von einem Freund ausleihen, bis er nichts mehr hat." Kennst du jemanden, der so ein Tingo-Typ ist?

Uitwaaien ist dänisch und bedeutet „Aus Spaß im Wind spazieren gehen". Ja, warum eigentlich nicht?

So ein Pech!

Je nachdem, in welchem Land sie leben, fürchten sich abergläubische Menschen vor unterschiedlichen Dingen. Angeblich können die folgenden Sachen Unglück bringen:

- Unter einer Leiter durchgehen
- Einen Spiegel zerbrechen
- Die Zahl 13
- Freitag, der 13.
- Eine einzelne Elster sehen
- Schuhe mit der Öffnung nach unten abstellen
- Einen Hut aufs Bett legen
- Drinnen einen Schirm aufspannen
- Auf hoher See pfeifen
- Sich nachts die Fingernägel schneiden
- Salz verschütten
- Sich donnerstags oder freitags die Haare waschen

Tolle Ziele für Zeitreisen

Wenn du eine Zeitmaschine hättest, könntest du spannende Erfahrungen machen. Besuch doch mal …

… ein römisches Fressgelage.

… die ersten Olympischen Spiele 776 v. Chr.

… einen vornehmen Ball im Europa des 18. Jahrhunderts.

Was Diven wollen

Eine wahre Diva hat überzogene Forderungen. Versuch das mal bei dir daheim, damit du vorbereitet bist, falls du über Nacht berühmt wirst. Wenn du damit durchkommst, hast du bereits die besten Voraussetzungen für Weltruhm.

„In meiner Badewanne fehlen ein Kissen und ein Getränkehalter. Und streu bitte Rosenblüten ins Wasser."

„Ich bestehe darauf, dass meine Mahlzeiten Zutaten in mindestens vier verschiedenen Farben enthalten."

„Wenn du gehst, dann bitte rückwärts und unter Verbeugungen, bis ich dir sage, dass es reicht."

„Das Wohnzimmer ist für eine Diva zu trist. Es braucht eine neue Tapete mit Kreisen von genau zwei Zentimeter Durchmesser."

Die Popdiva Lady Gaga hat 2010 zu den MTV Video Music Awards ein Kleid getragen, das komplett aus Fleisch bestand.

Tierspuren auf einer Safari

Breitmaulnashorn

Elefant

Hyäne

Gazelle

Nilpferd

Gepard

Zebra

Löwe

Giraffe

Pavian

Länder und ihre Hauptstädte

Ägypten	Kairo	Kenia	Nairobi
Äthiopien	Addis Abeba	Kroatien	Zagreb
Argentinien	Buenos Aires	Marokko	Rabat
Australien	Canberra	Neuseeland	Wellington
Belgien	Brüssel	Niederlande	Amsterdam
Chile	Santiago	Pakistan	Islamabad
China	Peking	Portugal	Lissabon
Dänemark	Kopenhagen	Russland	Moskau
Deutschland	Berlin	Schweden	Stockholm
Frankreich	Paris	Schweiz	Bern
Ghana	Accra	Simbabwe	Harare
Griechenland	Athen	Spanien	Madrid
Großbritannien	London	Taiwan	Taipei
Indien	Neu Delhi	Thailand	Bangkok
Italien	Rom	Türkei	Ankara
Japan	Tokio	Uganda	Kampala
Jemen	Sanaa	Ungarn	Budapest
Kanada	Ottawa	USA	Washington, DC
Katar	Doha	Vietnam	Hanoi

Damit du nicht rülpsen musst

- Sprich nicht mit vollem Mund.
- Iss langsam.
- Trink nicht mit Strohhalm.
- Meide Getränke, die sprudeln.
- Kau nicht Kaugummi.

Die Erdschichten

Wenn du dich von der Erdoberfläche bis zu ihrem Mittelpunkt hindurchbohren könntest, würdest du dabei auf die folgenden Schichten stoßen:

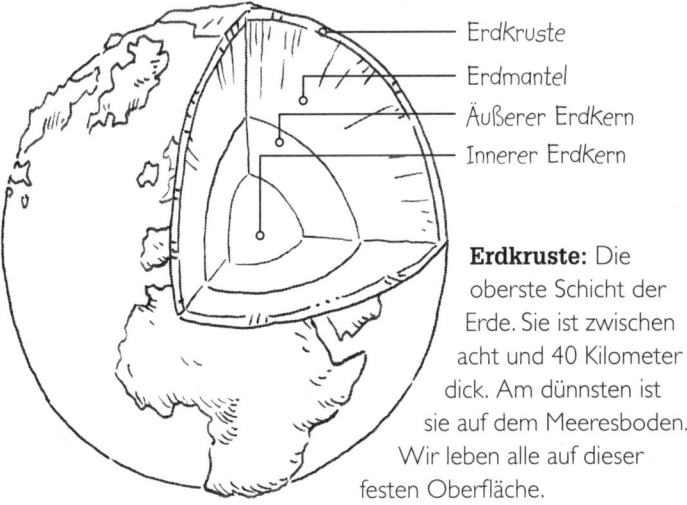

Erdkruste

Erdmantel

Äußerer Erdkern

Innerer Erdkern

Erdkruste: Die oberste Schicht der Erde. Sie ist zwischen acht und 40 Kilometer dick. Am dünnsten ist sie auf dem Meeresboden. Wir leben alle auf dieser festen Oberfläche.

Erdmantel: Eine dicke Gesteinsschicht unter der Kruste. Sie reicht bis zu 2900 Kilometer tief. Der Erdmantel ist bis zu 2000°C heiß. Darum ist das Gestein zum Teil zu einer zähen Masse geschmolzen, die man Magma nennt.

Erdkern: Der Erdkern liegt so tief unter der Oberfläche, dass die Wissenschaftler nicht sicher sind, woraus er besteht. Der äußere Kern ist etwa 2250 Kilometer dick und flüssig. Der innere Kern ist die Mitte der Erde. Hier ist es am heißesten, über 7000°C. Doch wegen der vielen Schichten, die auf den Kern drücken, vermutet man, dass er fest ist.

So lässt du Steine hüpfen

Wenn du Steine gekonnt übers Wasser hüpfen lassen möchtest, dann folge unserer Anleitung und übe an einem ruhigen Gewässer. Die Steine sollten rund und flach sein und in deine Handfläche passen.

1. Stell dich seitlich ans Ufer und gehe leicht in die Knie, um näher an der Wasseroberfläche zu sein.

3. Richte deinen Blick auf die Stelle, die der Stein treffen soll.

4. Hole mit der Hand aus und wirf den Stein mit Schwung aus dem Handgelenk, wenn du ihn loslässt.

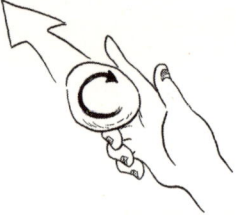

Tipp: Wirf flach und tief, nicht nach oben.

2. Steck den Mittelfinger unter den Stein und packe ihn mit Daumen und Zeigefinger um den Rand.

Wenn du es richtig gut draufhast, könntest du mit deinen Freunden einen Wettkampf veranstalten. Der erste, der es schafft, den Stein sechsmal hüpfen zu lassen, gewinnt.

Alles, was du über Krokodile wissen musst

Der Begriff „Crocodylia" beschreibt eine Ordnung von Reptilien, die aus 14 Arten von Krokodilen, sieben Arten von Alligatoren und den Gavialen besteht. Was kannst du über diese coolen Tiere lernen?

- Crocodylia lebten schon zur Zeit der Saurier auf der Erde, aber damals waren sie größer, bis zu zwölf Meter lang – wie ein Bus!

- Sie essen am liebsten Fische, Frösche, Schreitvögel, Reptilien und Säugetiere bis zur Größe eines Wasserbüffels. Hin und wieder auch mal einen Menschen.

- Sie dümpeln gern an Flussufern und in Wasserlöchern. Ihre Augen und Nasenlöcher liegen über der Wasseroberfläche, damit sie mitbekommen, was um sie herum los ist.

- Sie überraschen ihre Beute, indem sie urplötzlich aus dem Wasser springen, mit dem Maul zupacken, das Tier unter Wasser ziehen und durch einen Schlag mit dem Schwanz betäuben.

- Crocodylia haben glatte Haut auf dem Bauch. Früher wurden daraus gerne Handtaschen und Schuhe gemacht.

- Sie können nicht weinen, aber die Augen von Salzwasserkrokodilen tränen, um das Salz auszuspülen.

Pfirsich Melba:
benannt nach einer Opernsängerin

Pfirsich Melba wurde zu Ehren der australischen Opernsängerin Dame Nellie Melba benannt. 1892 besuchte sie auf einer London-reise das Savoy Hotel, dessen berühmter Chefkoch Auguste Escoffier das Dessert für sie erfand, da Pfirsiche und Himbeeren ihre Lieblingsfrüchte waren.

Zutaten für vier Personen:
250 g frische Himbeeren • Saft von 1 Zitrone •
4 Kugeln Vanilleeis • 1 EL Puderzucker • 1 Dose Pfirsichspalten •
nach Belieben gehobelte Mandeln.

1. Mische die Himbeeren, den Zucker und den Zitronensaft in einer Schüssel.

2. Lege ein Sieb über eine kleine Schüssel und drücke die Masse mit der Rückseite eines Esslöffels langsam durch das Sieb, bis alle Flüssigkeit ausgepresst ist. Schon ist die Himbeersauce fertig.

3. Lass die Pfirsichspalten abtropfen und ordne sie in vier flachen Dessertgläsern an. Gib in die Mitte jeweils eine Eiskugel.

4. Gieße die Himbeersauce darüber und verziere alles mit den gehobelten Mandeln, wenn du magst.

ACHTUNG: WENN JEMAND EINE NUSSALLERGIE HAT, LÄSST DU BEI IHM DIE MANDELN WEG.

In den 1960ern waren glatte Haare sehr modern, aber es gab noch keine Glätteisen. Deshalb haben manche Mädchen ihre Haare gebügelt. Probiere das lieber nicht aus!

Sinn-sationell: Geschmack

Du weißt, ob dir etwas gut schmeckt (z. B. klebriger Schokokuchen oder leckere Eiscreme) oder ob dir etwas gar nicht schmeckt (wie Gemüsesorten, die du hasst, aber essen musst, weil sie gesund sind). Aber was ist Geschmack?

Der Geschmackssinn besteht zu drei Vierteln aus dem Geruchssinn, darum schmeckt alles fad, wenn du erkältet bist oder deine Nase verstopft ist. Auf der menschlichen Zunge befinden sich zwischen 2000 und 8000 winzige Geschmacksknospen. Alle zehn Tage werden sie komplett erneuert, und angeblich funktionieren sie besser, wenn man ausgeschlafen ist.

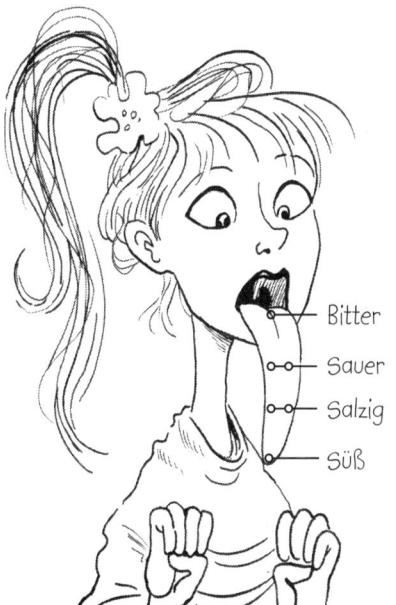

Bitter
Sauer
Salzig
Süß

Deine Zunge erkennt an verschiedenen Stellen verschiedene Geschmacksrichtungen. Es gibt insgesamt fünf: süß, sauer, salzig, bitter und umami. Umami ist das japanische Wort für „lecker". Stark gewürzte Speisen überfordern die Geschmacksknospen. Sie brauchen bis zu 24 Stunden, um sich zu erholen.

Der amerikanische Distelfalter hat Geschmacksrezeptoren an den Füßen, darum kostet er sein Futter, indem er darüberläuft.

Ende

Fertig.

Aus die Maus.

Ja, das war's wohl.

Ich geh dann mal.

Mehr kommt nicht.

Danke, vielen Dank.

Und tschüs …